科学新视角丛书

新知识　新理念　新未来

身处快速发展且变化莫测的大变革时代，我们比以往更需要新知识、新理念，以厘清发展的内在逻辑，在面对全新的未来时多一分敬畏和自信。

法拉第和皇家研究院
——一个人杰地灵的历史故事

[英]约翰·迈里格·托马斯 著

周午纵 高川 译

上海科学技术出版社

图书在版编目（CIP）数据

法拉第和皇家研究院：一个人杰地灵的历史故事 /（英）约翰·迈里格·托马斯（John Meurig Thomas）著；周午纵，高川译. —— 上海：上海科学技术出版社，2022.3
 （科学新视角丛书）
 书名原文：Michael Faraday and the Royal Institution: The Genius of Man and Place
 ISBN 978-7-5478-5652-9

Ⅰ. ①法… Ⅱ. ①约… ②周… ③高… Ⅲ. ①法拉第（Faraday, Michael 1791-1867）-生平事迹 Ⅳ. ①K835.616.1

中国版本图书馆CIP数据核字(2022)第029854号

Michael Faraday and the Royal Institution: The Genius of Man and Place by John Meurig Thomas

上海市版权局著作权合同登记号　图字：09-2021-1040号

封面背景图片来源：视觉中国

法拉第和皇家研究院
—— 一个人杰地灵的历史故事

［英］约翰·迈里格·托马斯　著
周午纵　高　川　译

上海世纪出版（集团）有限公司
上海科学技术出版社　出版、发行
（上海市闵行区号景路159弄A座9F-10F）
邮政编码201101　www.sstp.cn
上海盛通时代印刷有限公司印刷
开本 787×1092　1/16　印张 15.25
字数 169千字
2022年3月第1版　2022年3月第1次印刷
ISBN 978-7-5478-5652-9 / N·235
定价：55.00元

本书如有缺页、错装或坏损等严重质量问题，请向印刷厂联系调换

献给玛格丽特

作者手书法拉第诞辰200周年纪念邮封

中文版序

20世纪20年代初，爱因斯坦在柏林的书房墙上挂有三幅肖像：牛顿、麦克斯韦和法拉第。那是因为他相信自牛顿时代以来人类对物理世界的认知上最伟大的变革源于法拉第的实验工作，以及麦克斯韦对其提供的相应理论解释。

牛顿定律的威力是极其强大的。借助于这些定律，人们可以精确地预测地球表面任何一个地方日出和日落的瞬间。人们也可以精准地预测日食和月食的发生，以及地球上所有海岸潮汐的准确时间。牛顿定律使我们能够精确地计算太阳系中行星、彗星和宇宙飞船的轨道。但是，牛顿定律丝毫不能帮助我们来理解无线电传播和接收的机理，以及电视、光盘、电话、苹果播放器或平板电脑的工作模式。为认清以上这些以及其他的作为现今生活特征的电子产品是如何工作的，我们必须一步一步地走回历史，回到法拉第的实验，重温麦克斯韦的理论。

在为 1931 年 8 月 29 日的伦敦《泰晤士报》撰写的文章中，——我们很快就会在下文中揭示，这是一个有着重大意义的日子——卢瑟福勋爵说：

"我们越是从时间的角度来研究法拉第，他作为一名实验科学家和自然哲学家所具有的无与伦比的天才给我们留下的印象就越深。当我们衡量他大量宏伟的发现，以及它们对科学和工业发展所产生的影响时，用任何一种荣誉来纪念他都毫不为过——他是整个人类历史长河中最伟大的科学发现者之一。"

于是，我们在此见识到一种崇敬之情，最伟大的理论家（爱因斯坦）和可以说是 20 世纪最伟大的实验科学家（卢瑟福）给予法拉第的如此崇高的敬意。13 岁生日前离开学校时，法拉第仅仅具备最初级的阅读、书写和算术的能力。1791 年 9 月 22 日出生于伦敦的他是一位娴熟铁匠的儿子；后来成了一个订书商的学徒和听差，直至 21 岁。

在我们概述他的成功之路之前，让我们也提醒自己：他同时深受各种人的尊敬——从电气工程师、宇宙学家、物理学家到化学家，以及普通老百姓。世上所有的电气工程师都认可他们所从事的工业是从 1831 年 8 月 29 日开始的。那一天法拉第发现了电磁感应，在实验过程中他发现持续的电力可能从磁体获得。但是，宇宙学家敬仰法拉第是因为正是他首先聪明地论及自然力的统一。在那些致力于所谓的物理学"标准模型"的人的思想中，这依然是一个中心议题。宇宙学家和物理学家敬佩法拉第还因为正是他首创了"场论"。他比任何人都更早地论述引力场、磁场和电场。

物理学家们也对法拉第在诸多领域中的巨大贡献感激不尽，包括静电学、电介质、磁光学、液化、通过半真空气体的放电，以及他本人发现的超离子导体。化学家赏识法拉第在电化学、磁化学、光化学、吸附、有机化学（他发现了苯）以及胶体科学方面不朽的功绩。法拉第的电解定律是整个科学界最精确的定律之一。电量的单位是法拉第，电容的单位是法拉。世界上再没有其他科学家，其名字被用作两个通用单位。

除了他的辉煌科学成就，法拉第还在1826年创办了两种延续至今并仍热门的教育举措：在皇家研究院举办的周五之夜讲演会，以及圣诞节讲座。后者主要面向伦敦和周围地区的中学生。（这些讲座现在仍定期在电视中播放。笔者将它们介绍给日本，在那里也上了电视。）

法拉第和他的妻子一样，是一个非常虔诚的教徒。他们没有子女，但他们的婚姻生活非常幸福。

法拉第集直觉的奇特、洞察力的深刻、操作技术的灵巧、思想和印象的异常清晰于一身。同时他还具有道德上的清廉，成为他那个时代以及以后的岁月中最受人崇敬的科学家之一。

英文版序

在一次皇家研究院的周五之夜讲演会上,演讲者注意到:如果以单位面积计算,在地球上这个研究院每平方米产生了最多的科学发现。这是确信无疑的事实。在所有在那里工作过的杰出科学家中,迈克尔·法拉第——一个自学成才的人——依然超凡绝伦。因没有能够掌握数学方法,他完全可能被误认为不适合从事物理科学工作。但是他在实验上的天赋、用正确方法解决问题的直觉、从事艰难工作的能力以及最重要的——他对严谨结果的追求,使得一个穷苦的学徒工成为那个时期最卓越的科学家。他在早期就形成了一个习惯(这非常罕见),即记录下所有实验过程中观察到的东西,并同时加上有关它们可能包含重要意义的即时想法。与任何其他同样改变了历史进程的科学家相比,这些资料使我们有可能对法拉第勾画出更为完整的形象。

为了使他自己的和其他人的最新科学发现对外行人来说更为通俗易懂,法拉第克服了重重困难,他培育的传统一直延续至今并依然充满活力,因此,皇家研究院对于教育的贡献和其科学研究一样闻名于世。此书就是以这种传统精神为指导写就的,目的在于满足公众的需求。这种需求现在比法拉第时代更大。皇家研究院的创办人,本杰明·汤普森(伦福德伯爵)致力于用科学来提高普通老百姓的生活。和现在相比,那个时代可能更加容易忽略伴随科学发现所产生的种种风险,更轻易接受其显著的利益。然而,现今的科学却引来了众多的批评家。他们的观点有时候是站不住脚的、偏颇的。他们的批评常常是没有答案的,或者那些答案被淹没在沸沸扬扬的吵闹中。如果没有科学家坚持不懈的努力来解释他们正在做什么、为什么要这样做,以及展示他们是怎样的一群人,就会有这样一种危险:科学和技术失去了对富有想象力的、具有法拉第式奉献精神和廉直正气的年轻人的吸引力。如果这种事情发生了,我们所有人都将变得日趋贫穷。因为文明生活质量的维持已经依赖于科学,更不用说改善生活了。

本书的读者将会很愉快地发现我们有多少方面受益于法拉第的惊人研究。他们会发现为什么他的科学同伴那么尊敬他,为什么有那么多的朋友热爱他。多年来,他的慷慨大方、他的非凡的善良之心以及他的创造性智慧,一直在与我们对话。我们会永远不厌其烦地重复倾听这些故事,尤其是当这些故事由托马斯教授带着透彻的理解并有滋有味地讲述出来时。

皇家学会会员

布赖恩·皮帕德爵士

(Sir Brian Pippard)

前　言

在法拉第的家和实验室居住、工作了 5 年后，我从最初对这位伟大科学家的兴趣和好奇逐渐发展为对他的所有主张和成就炽热的钦佩。他在皇家研究院科学上的、精神上的存在，如同一个独特的光环弥漫在研究院的每一角落，任何人都躲避不了。这本书为的是与读者分享我对那个人、那个科学家以及那个地方的热衷和敬佩。

由于他工作的极端重要性以及对其追求、完成和描述方面所表现出来的精彩绝伦，又因为他是个谦虚、自学成才的人，并征服和改变了我们的世界，大多数人都知道谁是法拉第。但不是每个人都明白法拉第是整个人类历史上最杰出的人物之一。皇家研究院拥有世界上最古老的持续使用的实验室和最重要的科学普及演讲礼堂。作为我的前任院长中最伟大的人物，法拉第在这里生活了将近 50 年，而在这里工作的时间还要稍长一些。

在这本相对精炼的书里，我将概述法拉第的非凡职业生涯轨迹，分析和阐释他科学发现的精髓，以及重新考证他天才的源泉。我已经尽力使此书尽可能适合所有对现代科学有兴趣但又不是非常了解的普通人，特别是在艺术领域里以及在各科学分支里即将进入高等教育的年轻人。

我非常感谢牛津大学原科学史教授玛格丽特·高英（Margaret Gowing）和剑桥大学原卡文迪什教授布赖恩·皮帕德（Brian Pippard）爵士，他们阅读了我的初稿后给了我很多的鼓励、指导和建议；感谢皇家研究院的档案保管员和图书馆员伊雷娜·麦凯布（Irena McCabe）太太对我提供了宝贵建议并帮助引导我寻找关于法拉第在这里生活、工作的原始资料；感谢弗兰克·詹姆斯（Frank James）和布赖恩·鲍尔斯（Brian Bowers）博士对本书第4章的评论意见；感谢彼得·布兰奇（Peter Branch）先生和琼·科尼兹比（Jean Conisbee）太太在插图上的专业协助。休·奥里尔（Sue Horrill）小姐的工作完成得非常出色，她得心应手地将我零零碎碎的原稿转变成一个简明流畅的版本。亚当·希尔格出版公司的莫琳·克拉克（Maureen Clarke）太太和阿尔·特罗亚诺（Al Troyano）先生在编辑事务方面给了我示范性的建议，为此我不胜感激。我对所有这些帮助和支持表示感谢，但最重要的是我的妻子玛格丽特（Margaret），她通读了全部的书稿，对文稿言简意赅的注重大大地改善了书的质量。我深情地将此书奉献给她。

如果书中依然存在任何的欠缺和不足，那全都是我的责任。

目 录

中文版序

英文版序

前言

第 1 章　拉开历史帷幕　001

第 2 章　伦福德、戴维和皇家研究院　005

第 3 章　听差童踏上豪迈之旅　016

第 4 章　法拉第的科学贡献　023

第 5 章　法拉第的文笔　082

第 6 章　法拉第其人　103

第 7 章　法拉第对皇家研究院的影响　118

第 8 章　科学的普及　168

尾声　185

附录 1　法拉第的讲演和文献（1832—1834）　186

附录 2　法拉第入选的学术团体　192

附录3　法拉第在1835年及其后的周五之夜讲演　　197

附录4　法拉第组织安排的讲演（1862年之前）　　203

附录5　1933年2月皇家研究院的部分讲演日程表　　210

索引　　212

人名表　　216

译者后记　　222

第1章

拉开历史帷幕

法拉第[1]被公认为是人类历史上最伟大的实验哲学家之一。爱因斯坦[2]认为，法拉第和麦克斯韦[3]共同开启了牛顿之后物理学理论基础的最重大变革。他的成果卷帙浩繁且涉猎领域极其广泛，和物理学家、工程师、材料学家一样，众多的现代化学家纷纷将法拉第推崇为他们学科的奠基人之一。当今的许多科学和技术都源于法拉第的工作。在全世界，没有人比法拉第享有更广泛的来自科学家的尊重。几乎没有其他人的名字会比法拉第更频繁地被大学一年级理科生提及。他比任何一位物理学家遗留给后人更大量的纯科学成就。他的科学发现的实际应用已经深深地影响了文明社会的面貌。

法拉第是自学成才的。他12岁就辍学了，开始了自己的工作生涯，最初是一名听差童，而后成为一名订书匠。在他发表的450余篇论文中不曾出现过一个微分方程——法拉第完全不懂数学。然而，正如麦克斯韦所指出的那样，微积分只不过是数学的一个具体领域而已。

据他的说法，法拉第"实际上是一位非常高层次的数学家。以后的数学家们可以从他那里获得宝贵的、丰富多彩的新方法"。

法拉第的生活和工作是科学史册中最浪漫和最成功的一页。而这又和皇家研究院[4]（The Royal Institution）的命运密不可分地交融在一起。自从在1812年因为一个偶然的机会第一次踏入皇家研究院的大门以后，法拉第在那里生活和工作了近50年。从最初得到慧眼识珠的恩师戴维（Humphry Davy）[5]的提携开始，他的所有科学发现都是在那里完成的。他所有成功的并延续至今的教育创新模式都是在那里开启的。

他在自己的地下实验室安静的环境里工作。法拉第搭建他自己的实验装置，并经常自己设计和建造仪器。除了两篇例外，其余所有科学论文都是由他单独撰写的。这些论文是条理清晰，体现自我剖析精神，富有洞察力的杰作，至今依然是有志青年和成熟的科学家们学习的典范。他留下了大量的笔记本，详尽地记录了他的抱负和疑问、成功与失败，以及每一天实验工作的进展。这犹如一座信息的宝藏，无论对活跃在学术界的科学家还是对历史学家都极具价值。

在19世纪20年代中期，法拉第在启蒙大众和科学普及方面开始了两个教育模式的尝试，并获得辉煌的成功：一个是面向非专业市民的"周五之夜讲演会"（Friday Evening Discourses）[6]，另一个是为少年儿童举办的"圣诞节讲座"（Christmas Lectures）[7]。两者至今都依然在皇家研究院定期举办。法拉第自己曾开讲过19次"圣诞节讲座"。他最著名的系列讲座"蜡烛的化学史"（于1860年以文字的形式首次发表）成为经典，并被翻译成多种语言。（至今该书依然是日本中小学生暑假的推荐读物。）在皇家研究院给少年和成年听众开展讲座，法拉第本人成为他那个时代最重要的讲演人之一。

虽然性格内向、深居简出，并且笃信宗教，但法拉第在维多利亚时代的英格兰也是个社会名流。阿尔伯特亲王（HRH Prince Albert）[8]和他结交为朋友。和他交往的友人中有画家特纳（Joseph M.W. Turner）[9]和康斯特布尔（John Constable）[10]，作家狄更斯（Charles J.H. Dickens）[11]和罗斯金（John Ruskin）[12]，以及杰出的生物学家和进化论先驱达尔文[13]和赫胥黎（Thomas Henry Huxley）[14]。说起他的朋友，还必须提到摄影术的发明者塔尔博特（William Henry Fox Talbot）[15]，罗热（Peter Mark Roget）[16]（以他的名字命名的同义词词典的鼻祖），学识渊博的科学家威廉·汤姆森（William Thomson, 1st Baron Kelvin）[17]和沃拉斯顿（William Hyde Wollaston）[18]以及剑桥大学三一学院院长、哲学家休厄尔（William Whewell）[19]。他们中相当一部分人在皇家研究院的"周五之夜讲演会"上做过讲演。在法拉第就任皇家研究院院长的很长一段时间内，"周五之夜讲演会"是伦敦学术生活、文化生活和科学生活的中心。

除了巨大的科学成就外，法拉第的贡献延伸到许多其他领域：他是科学教育的早期倡导者；他对国家画廊名画的保护、大英博物馆的埃尔金大理石雕的清洗、英国港务局灯塔的照明等都提出过建议。他是伦敦俱乐部"雅典娜（The Athenaeum）"[20]创立时的首任秘书。

法拉第集非凡的智力、精湛的技能、灵敏的直觉和完美的道德等诸多天赋于一身。琼森（Ben Jonson）[21]对莎士比亚的评语同样适用于他：他不属于一个时代，而是属于所有的世纪！

译者注

[1] 法拉第（1791—1867），英国物理学家、化学家、电磁感应的发现者、皇

家研究院第一任终身富勒冠名化学教授。
［2］爱因斯坦（1879—1955），德国裔理论物理学家、相对论创立者。
［3］麦克斯韦（1831—1879），英国理论物理学家、电磁场理论的创立者。
［4］皇家研究院，位于伦敦阿尔伯马尔街（Albemarle Street）21号，建于1799年，是伦敦最重要的科学研究和交流场所之一。
［5］戴维（1778—1829），英国化学家、发明家、多种化学元素发现者、安全矿灯发明人。
［6］周五之夜讲演会，法拉第为伦敦市民（皇家研究院会员和他们的客人）创办的著名定期科普系列讲座。
［7］圣诞节讲座，法拉第为伦敦和周围地区中学生创办的著名科普讲座。
［8］阿尔伯特亲王（1819—1861），维多利亚女王的丈夫。
［9］特纳（1775—1851），英国著名浪漫主义风景画家、水彩画家。
［10］康斯特布尔（1776—1837），英国著名浪漫主义风景画家。
［11］狄更斯（1812—1870），英国维多利亚时代最著名的作家。
［12］罗斯金（1819—1900），英国维多利亚时代著名文艺批评家、作家。
［13］达尔文（1809—1882），英国自然学家、进化论创立者。
［14］赫胥黎（1825—1895），英国生物学家、达尔文进化论最重要的鼓吹者。
［15］塔尔博特（1800—1877），英国科学家、摄影术的发明者。
［16］罗热（1779—1869），英国医生，《罗热同义词词典》初版的撰写人。
［17］威廉·汤姆森（1824—1907），即开尔文勋爵，英国数学家、物理学家、绝对温度-273.15℃的确定者，绝对温度单位以他的名字Kelvin命名。
［18］沃拉斯顿（1766—1828），英国化学家、物理学家。因发展从白金矿石中提纯白金而致富，并因在该过程中发现钯和铑两个化学元素而在科学史上留名。
［19］休厄尔（1794—1866），英国博学家、科学家、神学家、圣公会牧师、哲学家、科学史学家。
［20］雅典娜，创建于1824年的伦敦著名男士俱乐部，2002年开始接受女性会员。
［21］琼森（约1572—1637），英格兰文艺复兴时期剧作家、诗人和演员。

第 2 章

伦福德、戴维和皇家研究院

1798年,美国出生的科学家、政治家汤普森爵士(Sir Benjamin Thompson),或被叫做伦福德伯爵(Benjamin Thompson, Count Rumford)[1],发现自己暂时赋闲了。他曾经因被指控从事间谍活动而逃离美国来到伦敦,并在那里加入英国籍。之后他成了巴伐利亚选帝侯[2]的首席顾问,担任陆军大臣。他曾经作为选帝侯的部长级全权代表和特使被派往英国圣詹姆斯宫廷[3]。但是乔治三世国王拒绝接受一个自己的臣民成为外国部长的现实。在这样的处境下,伦福德开始着手筹建皇家研究院。在当时的皇家学会主席班克斯爵士(Sir Joseph Banks)[4]的支持下,他得以在1799年实现了该计划,其建院目的是:

为了传播和促进实用机械发明和改进方面的综合性介绍,为了以哲学讲座和实验形式的课程教授科学在日常生活中的应用。

然而，到了1802年，伦福德和皇家研究院的管理层有了分歧。他拒绝批准管理层拟制的日后发展计划。于是，他离开英国赴法国，去会见安妮·拉瓦锡（Anne Lavoisier）。[安妮·拉瓦锡即伟大的化学家安托万·拉瓦锡（Antoine Lavoisier）[5]的遗孀。伦福德之后与她结了婚，其婚姻以极其糟糕的结果而告终。]从此，他永远不曾再回到伦敦。伦福德的多彩人生曾经被人这样描述过①：

> 效忠者、背叛者、间谍、密码学家、机会主义者、好色之徒、慈善家、自负的无聊小人、雇佣兵、军事和技术顾问、发明家、剽窃者、热学专家（特别是壁炉和烤箱方面），以及世界上最伟大的科普胜地——皇家研究院的创建人。

作为一个科学家，伦福德阐明了对流的本质，设计了一个巧妙的装置来测量光强度（他的标准烛光定义已经被用了上百年），以及发明了滴漏式咖啡机。在中学生课本中，他最为人所知的是一个实验演示：钻孔制作大炮时，内腔会释放出巨大的热，而如果热是一种物质流（热质）的话，那将是不可能的事。

皇家研究院获得了极大的成功，人们成群结队地参加那里的讲座和展览。除了创建，伦福德还在那里留下他自己的印记。1801年，他招聘了两位卓越的英国人。一位是托马斯·杨（Thomas Young）[6]，这个人后来因为以他的名字命名的弹性模量而名垂千古；另一位是康沃尔郡人戴维。前者被任命为自然哲学教授，后者是助教。杨的科学成就是巨大的。在1802年他进行了著名的"条纹"实验，从而复兴了光的波动理论。之后，他对毛细管和表面的

图 1 皇家研究院的创始人、创新型学者伦福德伯爵站在他的一件发明物面前

理论做出了开创性的贡献,并且设计了巧妙的光学仪器,撰写了许多不同医学课题的论文,改进研究方法来解密埃及象形文字,特别是那些罗塞塔石碑[7]上的文字。杨的讲课能力却和他作为一位科学家和语言学家的实力极不相称。他在普通听众面前的表现可以说是惨不忍睹。

戴维却完全不同,他是一个神采飞扬的讲课人。他精心准备的、又经过充分排练、表达流畅的讲座,以及为市民听众所做的令人叹为观止的演示,很快成为重要的社会活动项目,极大地提高了科学的威望和研究院的声誉。他是这样开始某一堂课的:

图2　托马斯·杨
医生、生理学家、物理学家、语言学家，被伦福德任命为自然哲学教授。根据亥姆霍兹（Hermann von Helmholtz）[8]的说法，"他激发了他的同时代人的好奇心。然而他们却无法达到他大胆的智慧惯于翱翔的高度。"

图3　汉弗莱·戴维
爵士诗人、革新者和实干家。他善于把文学表达的典雅和科学发现的精彩结合起来。

在每一种社会形态中，对知识和智力的热爱是一种属于人类思维的能力。它是对一个社会形态最恰当的表征，是最值得被培养和发扬光大的。

诗人柯尔律治（Samuel Taylor Coleridge）[9]曾说，他去皇家研究院听戴维的演讲，"为的是更新我头脑里储存的比喻句"。他声称，"假如他（戴维）没有成为顶级的化学家，可能会成为这个时代最伟大的诗人"。柯尔律治继续说道：

他的头脑里面有一种能量，一种弹性，使他能够抓住并分析所有的问题，并把它们推演出本应该属于它们的合理结果。戴维脑海里的每一件事物都有其生动的原理。活跃的思想就像他脚底下草坪上的绿茵一样蓬勃生长。

尽管起初伦福德对他们两个人的评价尚模棱两可，可以确信的是，戴维的努力最终得到了他大致的认可。在被伦福德任命到皇家研究院工作之前，戴维已经演示了一氧化二氮气体或叫做"笑气"，是如何被用作麻醉剂的。当读到伏打（Alessandro Volta）[10]给班克斯有关"两种不同金属的简单接触持续产生电流"的著名信函后，他确信，其中化学作用是产生电的原因。戴维提出，相反的过程想必也是成立的，即一些特定的化学物可以利用电来制备。

这个想法让他依次发现了钠、钾、钙、钡、锶、镁。之后，他分离出硼，又在法国阐明了碘的性质。戴维凭借他的活力、视野和能力，很快在研究院的地下楼层建立了实验室，并使其跻身于当时世界上最精良的、装备最好的实验室之列。（它早于牛津大学的克拉伦登实验室[11]和剑桥大学的卡文迪什实验室[12]60余年。）当时添加新设备资金匮乏，戴维便求助于开明的募捐人，并用上如今专业集资人士所热衷的语言词汇。他以恳求所获得的资助筹建起世界上最高能的伏打电池（在高电流条件下超过5 000伏特）就足以证明这一点，见图4。

戴维留给了后人大量关于他的特点和个性方面的启发性见解。在约翰·戴维（John Davy）[13]1839—1840年编辑的《汉弗莱·戴维爵士文集》（The Collected Works of Sir Humphry Davy, Bart）中，我们可以看到十几岁时的戴维：

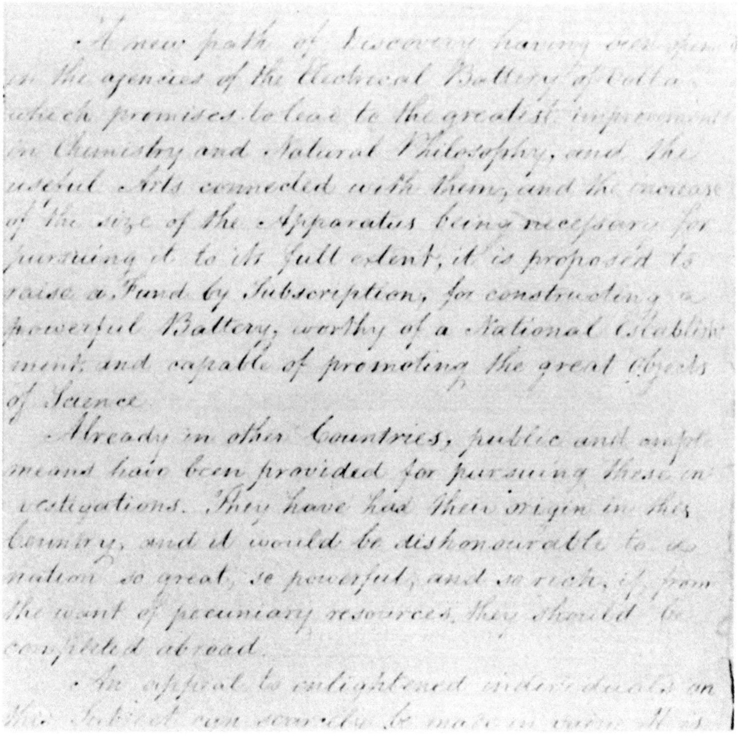

A new path of Discovery having been opened in the agencies of the Electrical Battery of Volta, which promises to lead to the greatest improvements in Chemistry and Natural Philosophy, and the useful Arts connected with them; and the increase of the size of the Apparatus being necessary for pursuing it to its full extent, it is proposed to raise a Fund by Subscription, for constructing a powerful Battery, worthy of a National Establishment and capable of promoting the great Objects of Science.

Already in other Countries, public and ample means have been provided for pursuing these investigations. They have had their origin in this Country, and it would be dishonourable to a nation so great, so powerful, and so rich, if from the want of pecuniary resources they should be completed abroad.

An appeal to enlightened individuals on this Subject can scarcely be made in vain. It is

图 4 摘录于管理委员会报告

1808 年，描述戴维“向开明的社会人士募捐”。

读了几本书以后，我就有了按捺不住的渴望，渴望向人讲述，来满足我的年轻小听众的热情。我渐渐地开始创造，编织出自己的故事。也许这种激情促成了我的全部独创性，我从来就不记忆。我从来就不喜欢模仿，永远喜欢发明，这贯穿于我所从事的所有科学研究中。这也是我的许多错误的根源。

1801 年初夏，到皇家研究院才 3 个月，戴维写给他在布里斯托[14]的朋友金（John King）时说道：

荣誉的欢呼声依然在我的耳朵里回荡——众人意外的掌声令我心波荡漾——我梦想成就伟大和有用的事业——我梦想科学能回馈自然，什么奢华，什么文明，不都是从她那里窃取来的吗？——纯洁的心，是天使的化身，是美丽的情怀，充满喜悦和希望而急促地跳动——我这个季节的公众实验演示和公众讲演工作都结束了。我的最后一节课是上个星期六傍晚。有近500人出席。一氧化二氮散发出气息，接着是长时间的掌声。阿门！明天在研究院有一个哲学家们的聚会，来吸这种令人嬉笑、令人激动的气体——它已经造成很大的轰动。一切都会好的。……我已经受到管理委员会的厚待。上帝保佑我们。我比在布里斯托时期所能期望的要好一百万倍。我能够自由支配的时间太多了。这么多时间供我自我陶醉，微弱的、辉煌的、可怜兮兮的、崇高的、自命不凡的自我陶醉。

戴维在皇家研究院全职工作了12年，1802年成为那里的化学教授，1804年成为院长。在那以后，他保持着荣誉教授的头衔直至1829年去世。以任何标准来评价他的成就，都堪称杰出和非凡。除了发现上面列出的系列元素之外，他还发明了电弧装置、矿工用的安全矿灯，并且发明、改进了各种工艺，如漂白织物、陶瓷上色、鞣制皮革、通过阴极保护（这个技术本身也是他的一项发明）来防止轮船的腐蚀。通过确认盐酸的正确组分，他否定了拉瓦锡有关"所有的酸都含有氧"的断言。他对地质学、矿物学和农业化学做出了开创性的贡献。其中，通过对农业化学的探索，他在1813年出版了专著《农业化学中的化学元素》(Elements of Agricultural Chemistry)。他在1806年皇家学会所做的贝克讲座[15]——"关于电的一些化学作用"中讲述了令他获得法兰西研究院拿破仑奖（1807年）的一项工作。在他担任皇家学会主席（1820—1827）期间（这段时间杨是学会的外事秘书），戴维协助筹建了雅典娜俱乐部、伦敦动物学学会（以及位于摄政公园[16]的伦敦动物园）、地质学会等。在他的一生中，他培养着自己的艺术兴趣。他最早期的一些作品是诗。他是华兹华斯（William Wordsworth）[17]朋友圈中的核心人物，其他成员还有骚塞（Robert Southey）[18]、柯尔律治和司各特（Sir Walter Scott）[19]。他常常在皇家研究院款待他们。戴维的诗和他的化学一起被艾略特（George Eliot）[20]在《米德镇的春天》（*Middlemarch*）中提及。被戴维融入他的科学中的诗情画意优雅地体现在他1815年发表于《皇家学会哲学学报》的论文《关于古代人绘画颜色的一些实验和观察》（Some Experiments and Observations on the Colours Used in Painting by the Ancients'）的引言中。（这篇论文是科学分析应用于考古学和颜料的最早例子之一。）

希腊人对绘画的重视、他们的杰出画家所获得的尊敬、他们最著名作品的昂贵价格、不同国家间对于他们画作收藏的竞争，都证明了绘画在古代希腊是最受到栽培和重视的艺术之一。那些幸存下来的残缺不全的希腊雕像，虽然历经现代艺术家们在3个世纪文明社会中的努力追逐，依然被视为雕塑品中完美的象征。我们没有理由去猜测作为它们的姐妹艺术品的绘画在卓越性方面会有所逊色。对于这个民族的人来说，天才和品味是一种与生俱来的品质，他们对尊贵、对优美、对崇高所具有的感悟看起来几乎是本能的。

图 5　1809 年间的皇家研究院图书馆

《伦敦之缩影》(*The Microcosm of London*) 中罗兰森 (Rowlandson) [21] 所绘的插图。

希腊大师们的杰作不幸完全遗失了。它们在以亚历山大为先祖的罗马人发动的战争中，在过去的希腊共和国的战争中，从自己的母国消失了。它们或因灾难，或随时间的流逝，或在罗马帝国的衰亡时期被野蛮的征服者损毁了。

戴维的朋友圈是极其出色的。作为受信赖的最高级社团的顾问，他在乡村大别墅作为贵宾受到欢迎。有一幅现今挂在泰特美术馆[22]的油画展现了戴维和光照会[23]的其他成员在科克先生侯克汉庄园[24]参加一年一度的剪羊毛节的场景。他到沃本（Woburn）[25]的贝德福德公爵（Duke of Bedford）家，萨塞克斯（Sussex）[26]的谢菲尔德勋爵（Lord Sheffield）家，拉韦纳的拜伦勋爵（Lord Byron）[27]家做客。史密斯牧师（The Rev Sydney Smith）[28]，那个国会改革的坚定支持者，也是戴维朋友圈内人——这位牧师曾经于1804年做有关道德哲学的讲座，听众挤爆了研究院演讲厅。博览群书的沃拉斯顿，一位矿物学、植物学和化学界领袖级人物、粉末冶金学的奠基者，也是该圈内人。沃拉斯顿有关制备片状和线状白金的方法以及贵金属钯和铑的发现，对贯穿19世纪和20世纪的科学进展产生了深刻的影响。这些成果使得戴维及其后继者在皇家研究院早期的大量工作得以顺利进行，特别是在电化学和气体的催化燃烧方面。

戴维在院长任上最后的业绩之一是面试了一个叫迈克尔·法拉第的年轻人。

作者注

① 见文献：W.H. Brock, New Scientist, 27 March 1980.

译者注

[1] 本杰明·汤普森（1753—1814），即伦福德伯爵，英国科学家、政治家、皇家研究院的创建人。
[2] 选帝侯制度是德国历史上特殊的由大封建诸侯选举国王的制度。巴伐利亚选帝侯是当时巴伐利亚王国的统治者。
[3] 圣詹姆斯宫廷，18世纪英国王宫。圣詹姆斯宫廷是英国君主的正式王宫，外国派驻英国的大使和专员呈递国书时，按礼节和传统都是呈递到此处。
[4] 班克斯爵士（1743—1820），英国自然学家、植物学家。
[5] 拉瓦锡（1743—1794），法国化学家，常被称为"化学之父"。
[6] 托马斯·杨（1773—1829），英国博学家、光的波动理论奠定者。
[7] 古埃及石碑。
[8] 亥姆霍兹（1821—1894），德国医生、物理学家。
[9] 柯尔律治（1772—1834），英国著名诗人、文艺批评家和哲学家。

[10] 伏打（1745—1827），意大利物理学家，电压的单位（伏特）以他的名字命名。
[11] 隶属于牛津大学物理系。
[12] 隶属于剑桥大学物理系。
[13] 汉弗莱·戴维的弟弟，英国化学家。
[14] 伦敦西面的一座城市，汉弗莱·戴维曾经在那里工作过。
[15] 英国皇家学会一年一度的冠名讲座，自1775年设立以来，延续至今。
[16] 伦敦市中心最大的公园。
[17] 华兹华斯（1770—1850），英国文学史上最重要的诗人之一，英国文学史上浪漫主义时代的开创者之一。
[18] 骚塞（1774—1843），英国诗人，著名的"湖畔诗人"之一。
[19] 司各特（1771—1832），苏格兰历史小说家、剧作家、诗人。
[20] 艾略特（1819—1880），英国著名女作家，原名：Mary Anne（玛丽·安妮）。
[21] 罗兰森（1756—1827），英国画家。
[22] 伦敦知名画廊，19世纪曾为英国国家美术馆。
[23] 18世纪后期形成的秘密社团。
[24] 科克家族的侯克汉庄园，位于伦敦东北面的诺福克郡。
[25] 沃本，位于伦敦北面的贝德福德郡。
[26] 萨塞克斯，位于伦敦南面。
[27] 拜伦勋爵（1788—1824），英国著名诗人。拉韦纳（Ravenna），意大利城市，1819年12月，拜伦从威尼斯迁居到此；1821年10月，离开拉韦纳，迁往比萨。
[28] 史密斯（1771—1845），英国牧师。

第 3 章

听差童踏上豪迈之旅

法拉第,一个娴熟铁匠的第 3 个儿子,于 1791 年 9 月 22 日出生于伦敦近郊的纽因顿小镇[1]。他的早年教育非常简单,比最初级的阅读、书写和算术稍微高一点。他 13 岁就辍学了,成为订书和售书商人法国移民里鲍(George Riebau)[2]先生的一名听差童。里鲍后来收他为学徒。在其后的数年间,他阅读那些由他装订的书籍。其中的一本是 1797 年第 3 版《大英百科全书》(Encyclopaedia Britannica),从中他碰巧读到了由泰特勒(James Tytler)[3]先生撰写的有关电的文章。这个主题引起他的兴趣。他也装订和阅读了《化学对话》(Conversations on Chemistry),其作者马赛特夫人(Jane Marcet)[4]是一个瑞士医生的妻子。她的书是于 1809 年为戴维的听众们出版发行的。

还有一本书是著名圣诗作家瓦特所著的《心灵的修善》(The Improvement of the Mind)[5],其中有关自我修养的忠告给予了他人生的引导。他携带一本"摘录簿"或者叫做笔记本,把一些他获得的想法、事实、引文和疑问一一记录下来。在第一页上最早的纪录中有如下的描述:

从公开文告、综述、杂志和其他各种各样的出版物中收集与艺术和科学有关的消息、发生的事件、活动等等。主要是为了增进快乐和自我教育,也是为了证明或者废弃那些科学界持续冒出来的理论。

我们从这个"摘录簿"中看到法拉第在他的好心肠雇主的鼓励和驱使下,怎么样做一些简单的化学实验。他很快就通过自己的努力取得了收获——积累了足够的经验后,用一个伏打电堆将硫酸镁分解。对于这个实验装置,在他给朋友阿伯特(Benjamin Abbott)的一封信中有所描述:

我,先生,完全是我自己,切割出7个有半便士大小的圆片(锌)。我,先生,用7个半便士盖住它们,然后将它们插入7张或者6张浸入氯化钠溶液的纸片之间。

1812年间,里鲍的店里一位叫丹斯(Dance)的顾客,给了法拉第一张入场券,可以去听戴维在皇家研究院做的系列讲座的最后4场(图6)。他为戴维的演讲所陶醉,做了极其详尽的纪录,经重新整理,加上插图和索引,然后用自己的双手把它们装订成册(图7)。他后来披露当时的情形:

图 6　纪念法拉第第一次踏入皇家研究院的牌匾

我渴望逃离我以为是堕落和自私的商业生活，献身于我想象中令其追求者和蔼可亲又雍容大度的科学事业。这种心情最终令我迈出了大胆而简单的一步，那就是写信给汉弗莱·戴维爵士，表达我的心愿，希望如果他那里有一个可以给我的机会，他会看好我。我同时寄上我听他的讲座后所做的笔记。

法拉第的自信和热情给戴维留下了深刻的印象，于 1813 年初约见了他。当时研究院里没有空缺的职位，戴维于是建议他继续做他的手艺活。"科学嘛，"戴维说，"像一个刻薄的女主人。"然而，那年的 2 月一个实验室助理因为闹事而被辞退了。戴维随即将这个职位给了法拉第，工资是每周 25 先令[6]，另外拨给他在阿尔伯马尔街 21 号研究院内顶楼的两间房间。

法拉第于 1813 年 3 月 1 号开始成为戴维的助理。最初的几天，他帮助做研究实验。几个星期过后，戴维对他制备新发现的化合物三氯化氮完全放心。不久，戴维和法拉第便因为这种活泼物质的过早爆炸而吃了苦头。法拉第也为课堂实验的准备提供娴熟的技术性帮助。这项任务诱导他去品味讲课的艺术。在他的笔记本里，他写道：

> 一个讲课人的外表应该是轻松的、镇静的、不胆怯的以及沉着的。他应该胸有成竹，应该思路清晰地思考和描述他的主题。他的动作，主要指姿势的变化，应该是缓慢的、从容的和自然的。否则就难以避免形成僵硬或者死板的气氛。

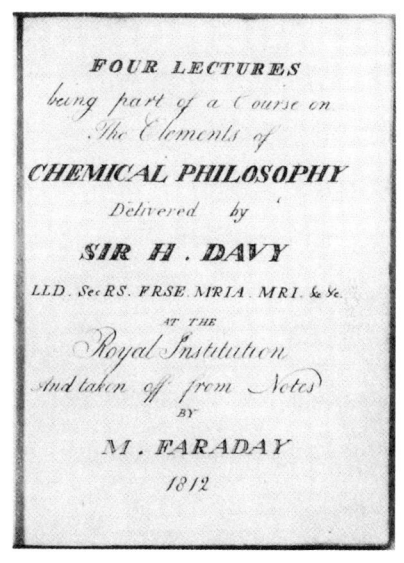

图7　1812年法拉第听戴维的讲座后所作的笔记的题目页

戴维的学识、仪表、平常果断的行事风格极大地促进了法拉第作为实验员的不断进步。他所工作的实验室和环境，用现代人的说法，是一个"卓越中心（Centre of Excellence）"[7]。按照卢瑟福勋爵[8]的看法，"卓越中心"应该是这样一个地方：在那里二流人才就可以做出一流工作。如果真如卢瑟福所说，迈克尔·法拉第——既具有天生的超凡才能，又有欧洲苍穹之上最明亮的科学巨星戴维的引导——究竟将会做出怎样的成绩呢！

好运很快就降临到法拉第身上。戴维制定了计划，要在1813年秋天和他妻子一起开始一次相当长时间的欧洲之旅。尽管当时英格兰和法国正在交战，得益于戴维的声望和拿破仑对科学的尊重，戴维依然可以实施他的计划。他邀请法拉第以秘书和科学助理的身份与他们结伴同行。那年的 10 月 12 日，他们带着途中做实验所需的科学仪器，从普利茅斯启程，向着目的地法国、意大利、瑞典航行。在巴黎，他们用新发现的元素——碘，做了相应的实验。安培（André-Marie Ampère）[9]为他们提供碘，自然也观摩了他们处理三氯化氮的实验以及如何制备易爆的三碘化氮。他们听了盖-吕萨克（Joseph Louis Gay-Lussac）[10]的课。在离开那个城市前他们还会见了其他的学者，如阿拉戈（François Jean Dominique Arago）[11]、洪堡（Alexander von Humboldt）[12]和居维叶（Georges Cuvier）[13]，并和伦福德伯爵一起就餐。伦福德伯爵的婚姻在 5 年前就破裂了。精神崩溃的他于 1814 年去世。

在热那亚，他们研究了电鳐的放电，并在佛罗伦萨呆了些日子。得益于那里西曼托科学院的大透镜，他们进行了"燃烧钻石的重要实验"，并证明了钻石就像石墨一样，只不过是纯粹的碳而已。这个观点几十年后依然被许多人争论不休，包括 100 年后接任皇家研究院院长的杜瓦（James Dewar）[14]。戴维用太阳光聚焦在钻石上的想法目的在于它能够保证宝石在一个封闭的系统里面进行清洁燃烧。其唯一的产物是二氧化碳。

他们访问了维苏威火山，认识了在米兰的伏打；法拉第做了一些有关萤火虫和土萤虫的笔记。他们在彼得拉马拉收集天然的易燃气体，并在佛罗伦萨科学院的实验室里鉴定出它是甲烷。他们对意大利的访问使得他们有机会考察从古代遗迹中得到的莎草纸和颜料。正如我们在前面提及的，戴维从这些实验中获取到大量科学信息，可谓是满载而归。

法拉第见识了戴维自然哲学的天赋和声誉为他赢得欧洲科学界至

高无上的地位。但是很遗憾,他也有机会觉察到人们对他的伟大主人的理所当然的崇拜也许已经导致他个人品质某种程度的退化。而这些品质正是与一个智者的卓越紧密相依的。戴维超凡的卓越已经令他有些自负和轻率。

欧洲之行让法拉第与日内瓦的查尔斯·德拉里夫(Charles Gaspard de la Rive)教授和他的儿子奥古斯特·德拉里夫(Auguste A. de la Rive)[15]相识,随后和他们俩都保持了数十年的通信联系(见第5章)。对于法拉第来说,这一次的长时间访问,既有欧洲首屈一指的科学家戴维做旅途导师,又持续不断地吸收法国和意大利的工作经验,这一切实际上构成了他的大学教育。

图 8　邻近皮卡迪利的阿尔伯马尔街上一景

这块场地自 1799 年(皇家研究院成立之年)起由皇家研究院拥有至今。它的传统外观是武利亚米(Lewis Vulliamy)[16]于 1838 年外加在建筑上的。[转印自谢泼德(Thomas Hosmer Shepherd)[17]的水彩画]

1815年5月，法拉第重新在皇家研究院开始工作并很快在那幢建筑里有了居住的套间。他的正式职位是"实验室助理，矿石收集和实验仪器管理员"。几个月后，研究院将他的工资加到年薪100英镑，这个年薪一直持续到1853年保持不变。

译者注

[1] 过去的村庄名，位于现在伦敦东南部的南华克区。
[2] 伦敦一名普通的售书商人，因为法拉第的缘故，常被人提起。
[3] 泰特勒（1745—1804），苏格兰药剂师、《大英百科全书》第二版编辑。
[4] 马赛特（1769—1858），19世纪初英国知名女性科普作家，她所著的《化学对话》流传至今。
[5] 瓦特（1674—1748），18世纪英国著名圣诗作家、神学家和逻辑学家。著作：《心灵的修善》。
[6] 先令，英国的旧辅币单位。1英镑=20先令，1先令=12便士。
[7] 卓越中心，对一个国家一批最卓越的教育、文化、科研基地的赞誉。
[8] 卢瑟福（1871—1937），新西兰裔英国物理学家、化学家，被称为"核物理之父"。
[9] 安培（1775—1836），法国物理学家、数学家。电流单位（安培）以他的名字命名。
[10] 盖-吕萨克（1778—1850），法国化学家、物理学家。
[11] 阿拉戈（1786—1853），法国数学家、物理学家。
[12] 洪堡（1769—1859），德国地理学家、生物地理学的创始人。著名的德国洪堡基金会以他的名字命名。
[13] 居维叶（1769—1832），法国自然学家、动物学家。
[14] 杜瓦（1842—1923），苏格兰化学家、物理学家、杜瓦瓶的发明人。
[15] 查尔斯·德拉里夫，其子奥古斯特·德拉里夫，均是瑞士著名物理学家。
[16] 武利亚米（1791—1871），英国建筑师。
[17] 谢泼德（1792—1864），英国著名水彩画家。

第 4 章

法拉第的科学贡献

很大程度上是因为在技术领域的直接应用,也因为麦克斯韦给予的精彩定量解释和扩展,法拉第在电和磁领域的系列发现往往相形见绌,至少在现代物理学家、工程师、宇宙学家看来他对其他科学分支的贡献显得不那么耀眼了。但是,正如我们前面指出的,他也是有机化学、分析化学、电化学和磁化学等的奠基人之一。确切地说,他是物理科学中大部分分支学科的奠基人之一。

要将他作为化学家的工作和作为物理学家的工作区分开来,在某种程度上说是过于武断的。(他本人并不喜欢物理学家这个称呼,倒是更愿意被叫做自然哲学家。)然而,将他的贡献一一陈列于两个多少有些随意的标题下面,反倒显得比较合宜了:一个是化学,另一个是电和磁(图9,图10)[①]。若将法拉第的一生贡献比作一幅油画,这些目录反映了画面的大部分和点睛之处。

为了欣赏法拉第作为一个自然哲学家的迅速崛起,领略其令人惊叹的成果的广度和深度,从他被皇家研究院重新任命的日子开始,按时间顺序来勾画他职业生涯中的里程碑和特殊成就,以及它们最终产生的影响力,将会很具有启发性。如果在这样一个勾画中再加上一些能彰显法拉第个性的科学方面之外的事件和活动则更有意义了。

1816	(和戴维合作)**安全矿灯**的演变。
1818–1824	合金钢的制备和性质(印度乌兹钢的研究),**冶金学**。
1812–1830	**分析化学**。
	确定黏土、原生石灰、水、火药、铁锈、鱼干、各种气体、液体和固体的纯度和组分。
1820–1826	**有机化学**。
	发现苯、异丁烯、四氯-乙烯、六氯苯、烯烃的异构体、萘磺酸的异构体(α型和β型)。
	橡胶的**硫化**。**光化学**制备方法。
1825–1831	改进光学**玻璃**的生产。
1823,1845	液化气体(H_2S,SO_2和其他6种气体)。确认临界温度的存在和物相的连续性。
1833–1836	电化学和物质的电性质。
	电解定律。
	光伏电、静电、热发电和动物**电**的等价性。
	热敏电阻作用的第一个例子。
	熔盐电介质、**超离子**导体。
1834	**多相催化**。
	表面化学反应的**毒化**和抑制。
	选择性吸附,固体的润湿性。
1835	**等离子化学**(气体放电)。
1836	介电常数、电容率。
1845–1850	磁化学和物质的磁性质、**磁光学**、**法拉第效应**、抗磁性、顺磁性、各向异性。
1857	**胶体金属**、**光的散射**、溶胶和水凝胶。

图9 法拉第对化学科学的主要贡献

年份	贡献
1821	电磁旋转。
1831	电磁感应。
	声波振动。
1832	不同来源电的特性。
1833	电解分解。
1835	真空气体放电（等离子物理和化学）。
1836	静电学，法拉第笼。
1845	光、电、磁之间的相互关系，抗磁性，顺磁性。
1846	"射线振动的想法"。
1849	重力和电。
1857	时间和磁性。
1862	磁场对钠光谱线的影响。
	力线和场的概念。一个磁体的能量延伸到它的体外。光，电，磁之间相互联系的概念。

图 10 法拉第对物理科学的主要贡献

1816 年，在发明安全矿灯的工作中，他帮助了戴维[②]。那一年他发表了第一篇论文［《托斯卡纳天然生石灰的分析》（Analysis of the Native Caustic Lime from Tuscany）］。他在都市哲学学会（City Philosophical Society）做了有关化学元素的讲演，这是他人生的第一个学术报告。听众中许多哲学学会的成员后来转到了艺术学会（Society of Arts），他后来也成了后者的会员。他还被布兰德（William Thomas Brande）[1]招募，去帮助编辑皇家研究院出版的《科学季刊》。（威廉·托马斯·布兰德，1788—1866，在戴维 1812 年升任院长时接任教授职。之前他在风车街给医学生上课。他是一个相当普通，但很有条理的教授。他在皇家研究院教授席位上干了 40 多年。其主要任务是每天早上 9 点在地下楼层的实验室里讲授化学。）

到 1819 年时，法拉第已经是英国最著名的分析化学家了，专长于分析水、黏土和各种各样的合金。他常被要求做各种诉讼案中的专家见证人。他和外科器械制造商斯托达特（James Stodart）一起开始了他在合金钢的组分和制备领域的开创性工作。这项工作使得他和来自当时世界合金生产中心——位于威尔士南面的道勒斯的格斯特（Josiah John Guest）[2]建立了通信联系。100多年以后，皇家学会会员哈德菲尔德爵士（Robert Hadfield）[3]检验了法拉第制备的大量样品后宣称法拉第，

> ……是特殊合金钢研究方面无可置疑的先驱者。如果他的综合冶金知识和对工业需求的估计对当时的社会而言不是那么超前的话，他的成果几乎可以肯定会立即应用到实践中去。

他和合作者斯托达特把"不锈的"含铂钢加入到剃须刀中，并在19世纪20年代送给朋友们分享，一部分这样的刀片至今尚存。

在1820年，他发现了两种新的含碳化合物（四氯乙烯和六氯乙烷），并确定了它们的化学式，外加一种含碳、碘、氢的新化合物。第一种化合物像乙烯，其中的4个氢原子被氯原子取代。（四氯乙烯现在大量地被用作清洗液。这种材料在美国地下太阳中微子实验中也被用作"检测剂"。）第二种化合物与天然气中的一种成分有关，即乙烷，但是其中的6个氢原子被氯原子取代，它们相应的化学式是C_2Cl_4和C_2Cl_6。与他的同时代人不一样，法拉第没有采用"活力（vital forces）"这个概念，这在当时被普遍认为是控制有机化合物行为的主要因素。[特别是伟大的瑞典科学家贝采利乌斯（Jöns Jacob Berzelius）[4]也这样认为。这种认识甚至延续至1849年。]他就有关"只要化合物里含有碳就必定富产活力"的争论进行了讨

论。在他这期间的工作中,法拉第用太阳光作为影响化学转化的手段。这是光化学合成的最早的例子之一,现在已经成为有机化学的一个重要技术。

```
黏土
样品 1   康韦尔黏土——干燥
         含硅物        53.6
         含铝物        45.6
         氧化铁         0.4
                      ─────
                      99.6
样品 2   弗林特郡黏土——干燥
         含硅物        59.3
         含铝物        40.0
         氧化铁         0.3
                      ─────
                      99.6
法拉第先生不得不对延误这些分析表示抱歉。但是实验室工人妨碍了那里的正常操作。

皇家研究院
1819 年 2 月 12 日
```

图 11　描述法拉第的黏土分析信件摘抄

信的原件现存于特伦特河畔斯托克城的韦奇伍德博物馆(Wedgwood Museum)[5]。(感谢博物馆董事会的善意,允许我们复制。)

同样是在 1820 年,他和一个银器匠的女儿巴纳德(Sarah Barnard)[6]订了婚,并与她一年后完婚。她是他在都市哲学学会碰见的一个会友的妹妹。法拉第的父母和巴纳德的父母都是桑德曼教会[7]的教友。这是一个现在看来有点儿"教条主义者"信仰的小而有严格教规的团体。类似贵格会[8]教徒,克己苦行的桑德曼教徒相信俗人牧师,反对财富的积累。尽管他直至 1821 年 7 月才正式加入桑德曼教会,法拉第自孩提时代起就定期参加星期天早上的教堂聚会。

图 12　法拉第在那里工作时的皇家研究院地下化学实验室的重构模型

图 13　30 岁左右的年轻法拉第在实验台边

第一台电动马达

法拉第读了奥斯特(Hans Christian Ørsted)[9]1820年发表的描述当一个罗盘指标靠近通有电流的导线时将如何受到影响的著名论文,并且写下了权威性历史调查——截至1821年人们所知晓的磁和电相关知识的综述,在同年9月演示了一条通有电流的导线围绕一块固定的磁铁旋转。他的调查③本身就不是一件简单的工作。在他之前许多基本现象已经被发现了,比如电和磁的相互吸引与排斥,电流及其各种效应。之后,又有库仑(Charles—Augustin de Coulomb)[10]和泊松(Siméon Denis Poisson)[11][也包括卡文迪什(Henry Cavendish)[12],但是他没有发表他的伟大发现]沿着牛顿所引导的路线,以物体之间的相互作用力作为他们研究的主要目标,建立了电力和磁力的数学理论。接着又有奥斯特的最重要发现(图14),随后安培据此发现了两条通电的导线也会产生相互的作用力(图15)。可见,当法拉第第一次踏入这个领域时,电—磁科学领域已经非常庞大。然而他的发现(图16)还是轰动性的,很快为他赢得了国际声誉。

这个新发现的电磁旋转现象(利用此性质,他发明了第一个电动马达。)也可能发生于地球的磁场。他在1821年12月25日向他的妻子激动地演示了这个事实。

法拉第因此而获得了巨大名声;并且很不幸、也不公平地给

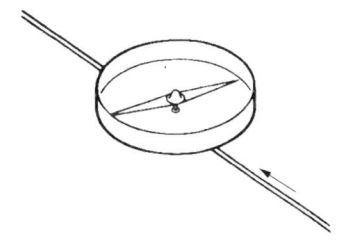

图14 奥斯特发现罗盘上的指标因通电的电线作用而产生偏转

这项实验激发了法拉第在电磁学方面的工作。

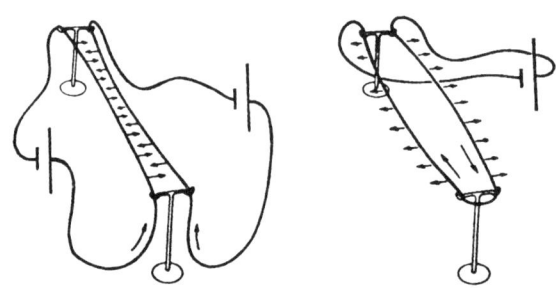

图 15　安培发现两条通电的电线之间会相互产生作用力

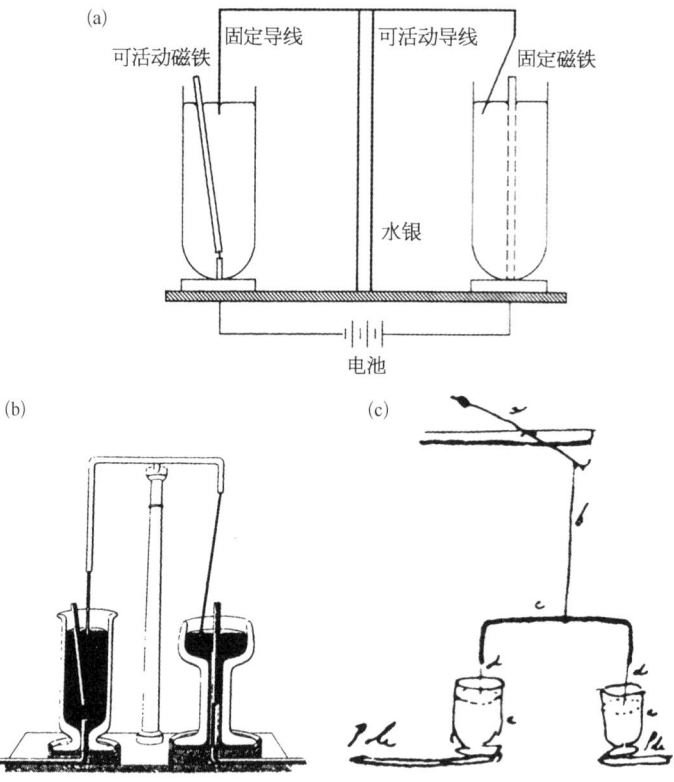

图 16　一些装置图

（a）法拉第电磁旋转装置的示意图。通过这个装置他演示了一根通电的电线可以受一块静止磁铁作用而围绕磁铁旋转，以及一块磁铁可以围绕静止的电线旋转。（b）纽曼根据法拉第的意图所制作的该装置的发表版本。（c）法拉第在 1821 年 12 月 22 日的日记中所画的装置草图。

戴维留下这样一种印象——他剽窃了沃拉斯顿有关电磁旋转的想法。这一切，导致他和戴维之间滋生了不快。沃拉斯顿和戴维较早时曾经讨论过如何最好地实现电磁旋转，当时法拉第也在场。但是，他追寻了自己的思路，并获得了一个和沃拉斯顿所看好的截然不同的解决方案。在皇家学会一个公开讨论会上，当沃拉斯顿的好友戴维影射法拉第的突破实际上源于沃拉斯顿时，法拉第感到特别伤心。戴维事后声称，人们错误报道了他的原意。法拉第事后也认识到，他本应该在发表前让沃拉斯顿看他的论文。事实上，他已经尽力想这么做了。但当时沃拉斯顿"不在城里"，而法拉第想发表的急迫心情一如既往地非常强烈。不过，法拉第公开地感谢了沃拉斯顿的贡献，从而缓解了沃拉斯顿内心的愤怒。

[奥斯特于1822年拜访了法拉第。他们有许多共同点，特别是在电磁学和化学方面拥有共同兴趣④。奥斯特第一个值得关注的学术成就是一本在哥本哈根大学所撰写的有关康德（Immanuel Kant）[13]的毕业论文。他后来成为那个大学医学院的教师。和法拉第的友谊深深地影响了他，回到哥本哈根以后，他按照皇家研究院的模式创建了丹麦促进科学知识学会[14]。1825年，他处理和攻克了一个难倒戴维的问题：分离元素铝。（回想起来很有意思，戴维对"铝"字的拼写Aluminum现在依然在美国和加拿大使用，而其他地方拼作Aluminium。）19世纪初令戴维失败的电解分离铝技术，1886年却在一个23岁欧柏林学院（俄亥俄州）的大学生霍尔（Charles Martin Hall）[15]手中获得了成功。霍尔扩展了首先由法拉第在1833年做过的工作，通过电解熔盐的方法分离出了铝（见47页）。奥斯特的分离法是一种化学方法，采用了由戴维首先使用过的钾汞齐。]

1823年法拉第发现和分析了第一个有记录的气态水合物（hydrate）——一种现在被称为包合物（clathrate）的材料，得其名是因为客体分子（在这个例子中即氯）被埋藏（希腊语中Clathros是掩埋的意思）在主体接纳分子结晶水中。也是在那一年，法拉第液化了氯。这个成就曾经激起戴维的妒忌，戴维认为是他首先做了这项工作并有权享有盛誉。在1823年间和1845年的一段时间，法拉第重新回到气体液化的研究中，成功地液化了氨、二氧化碳、二氧化硫、一氧化二氮、氯化氢、硫化氢、氰气和乙烯。他也成了确证临界温度存在的第一人。他发现，在某温度以上，无论多高的压力都不会导致某种气体液化。这项成果也否定了当时盛行的错误、僵化的观点，即物质处于稳定不变的3种形态，固态、液态和气态。法拉第演示了物质的连续性，即3种形态可以从一种转变成另一种。

1824年，尽管遭到当时的主席戴维的反对，皇家学会仍然选举法拉第为会员。戴维这么做的理由不是十分清楚，但是嫉妒的成分是无可置疑的。那年的2月，法拉第被任命为新成立的伦敦俱乐部"雅典娜"的第一任秘书。戴维和克罗克（J.W. Crocker，海军大臣）在该俱乐部的成立上倾注了很大的心血，俱乐部的宗旨是"为文学界和科学界的男士及美术爱好者服务"。法拉第坐上这个交椅完全有可能是由于戴维的强迫。候选会员们被邀请写信给在皇家研究院（俱乐部的最初聚会地）的法拉第。法拉第无疑因为"雅典娜"俱乐部的各种事情干扰了其他工作，在3个月后辞去了这个秘书的职务。由于戴维因皇家学会主席的工作需要和健康原因而逐渐淡出皇家研究院的活动，一个新的"法老王"在皇家研究院崛起。法拉第已经开始为研究院会员上课，他的谦虚和魅力很快赢得了众人之心。

苯 的 发 现

1825 年，法拉第在化学教授布兰德的督察下成为实验室主任[16]。那一年，他发现了重要的有机物质"重碳化氢"。这一化学物质后被命名为苯。法拉第的哥哥罗伯特（Robert）在伦敦煤气公司工作。在其送来研究所的煤气罐底部，法拉第发现了一种透明的芳香液体。他对此产生了兴趣，并进行了研究。这种液体最终被证明是苯。这种物质很快就被法拉第用一种包括热处理鱼油的独立方法制备了出来。他采用的鉴定方法和确定它的化学式的精湛技术引起斯德哥尔摩的贝采利乌斯的钦佩。（这个方法的成功之处在于法拉第仔细地定量分析了苯在氧气中燃烧后所释放出的二氧化碳和水蒸气。该研究还需要应用有效的提纯方法。为此，法拉第采用了分馏和重结晶技术。法拉第的精湛技术使得他报告的"重碳化氢"的熔点和沸点与今天我们采用的数值非常接近。）此后不久，他发现了异丁烯。值得注意的是它的化学式（CH_2）和乙烯相同，但是它们的性质却有很大差别。法拉第意识到他遇到了分子异构现象，尽管当时并没有这样的说法。他后来又确定了萘的化学式，并制备了该物质的两种结晶磺酸衍生物。

所有这一切都是开拓性的工作，开辟了苯胺染料工业和其他一些化学工业以及炸药工业的发展路径。现在我们知道苯和萘是平面分子，是一个名为芳香族烃的庞大化合物家族的最初成员。这种分子，特别是苯，除了充当燃料以外，还是现代制药工业中的重要构建成分。它们现在被广泛用于合成有用的化合物。

也是在 1825 年，政府通过由学会主席戴维主持的皇家学会委员会

法拉第所发现的物质的化学式和结构式

物　质	化学式	结构式
C_2Cl_4	四氯乙烯	
C_2Cl_6	六氯乙烷	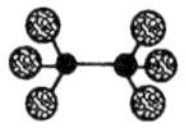
$(CH_2)_4$	异丁烯	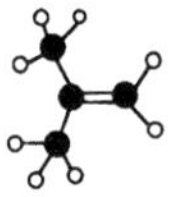
C_6H_6	苯	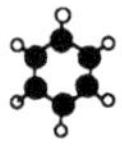
$C_{10}H_7SO_3H$	萘磺酸	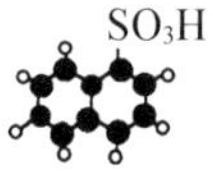

图 17　法拉第发现或者首次正确识别的有机化合物的化学式，以及随后确定的结构式

遴选法拉第来领导一个持续至 1830 年的项目——改进玻璃的光学性能（为了满足望远镜的需要）。这项研究使他与托马斯·杨和约翰·赫歇尔（John Herschel）建立了频繁的联系。后者是著名的天文学之父威廉·赫歇尔（William Herschel）爵士[17]多才多艺的儿子。赫歇尔爵士和戴维是委员会里负责监督他工作的主要成员。法拉第以此项研究为题于 1829 年 11 月 19 日、12 月 3 日和 12 月 10 日分 3 次在皇家学会做了首次贝克讲座。

无私的支持和不怀好意的利用往往仅是一线之隔。当我们思考戴维在他的最后 10 年和法拉第打交道的情况时，这个论断就会映入脑海。尽管戴维早在 1812 年就辞去了在皇家研究院的永久职位，他的荣

誉职位表明他依然可以在那里发挥影响。这种影响力大部分对法拉第是有益的。但是，戴维对法拉第的态度变得不太像一个长者，而隐约显得专断。他们的关系变冷淡以后，法拉第越来越意识到多数落到他头上的工作都是来自戴维的指使，甚至命令。对于社会任职，比如戴维敦促他担任的"雅典娜"俱乐部秘书一职，他可以辞职而免受处罚。但是他不能轻易地从"改进玻璃的光学性能"这个项目所要求的单调乏味的、绝对耗费时间的工作中解脱出来。他想要探索新的领域，但是只要他还在发起这个项目的皇家学会委员会监督的眼皮底下，那是不可能的。1829 年，戴维的去世以及托马斯·杨的去世实实在在地缓解了法拉第日益滋长的对自己前途的焦虑。

1826 年间，法拉第在科学的普及和大众对科学的理解方面开始了两个异常成功的大胆尝试——面向年轻孩子们（"青少年听众"）的圣诞节讲座和面向皇家研究院会员以及他们所邀客人的周五之夜讲演会。第一个圣诞节讲座系列的主题是自然哲学，由米林顿（John Millington）主讲[18]。周五之夜讲演会开始于 1826 年。法拉第演讲的最初 5 堂讲座的目录如下：

2 月 3 日：树胶⑤。

2 月 10 日：布鲁内尔（Brunel）先生在液化气用作机械用剂方面的研究。

3 月 3 日：平版印刷。

4 月 7 日：在任何温度下，所有的固体和液体都会释放气体或者说被它们自己的蒸气所包围。

5 月 5 日：碳氢化合物和硫酸合并的奇异能力。

选题广泛的周五之夜讲演会延续至今（见第 7、8 章）。法拉第不

图 18　法拉第［转印自里士满（George Richmond）[19]的画作，1852 年］

仅要为这些向大众宣讲科学的活动进行必需的准备，在那年他还发表了 16 篇文章，其中一篇的题目既有意思又实在——《有关化学演讲和实验示范的长期和实用的课程计划》（Plan of an Extended and Practical Course of Lectures and Demonstrations on Chemistry）。课程计划由布兰德和法拉第在皇家研究院的实验室讲授。

1827 年，伦敦大学学院邀请法拉第做学校的第一个化学教授，被法拉第拒绝了。但是在 1829 年，他被任命为位于伍尔维奇（Woolwich）的皇家军事学院的化学教授。这个兼职要求他每年上 25 节课。他持续做了大约 20 年⑥。于是，在学期中间他需要每周花一天，有时是两天，到伍尔维奇去。那一年，他撰写的 646 页的《化学操作法》（Chemical Manipulation）第一版面世了。对于这本专著，前沿科学家、诺贝尔奖获得者鲁宾逊爵士（Sir Robert Robinson）[20]在 1931 年给出这样的评价：

这是一本有关化学研究方法的专著。所有的方法都是已经被证实的，其中许多是他自己发明的。这本书即使是今天的学生读起来也会受益匪浅。因为尽管他受限于缺少现代实验室的基本设备，比如本生灯、利比格冷凝器、很长的橡胶管、现代的洗瓶和玻璃拴等等，这本书里指出了现今依然实用的很多东西的源头，回顾了那个化学家同时必须是一个工匠的时代。……他推荐了一个实验室应该有的照明标准。他也指出在一些地方直接接纳太阳光的问题，因为已经证实太阳光在引发化学反应方面是有很大影响的。一个引人注目的例子是，当他把苯和氯混合，几乎看不到有化学反应发生。但是将混合物置于太阳光下，情况就完全不同了。这是一类属于光化学范畴的反应。

在1829—1830年的圣诞节和新年期间，法拉第为孩子们做了题目为"电"的圣诞节讲座。在1830年间，他做了6次周五之夜讲演。其主题很杂，包括音乐声穿过固体的传输、乐器建造新原理的应用（两者都是基于惠斯通的发现）、一个地质学的题目和铁的氧化。

［惠斯通（Charles Wheatstone）[21]曾经在声学、电报、光学和音乐领域完成了许多发明。他以一个乐器制作人的身份在伦敦开始了他的职业生涯。他建造了第一架六角手风琴，这是一种小型的手风琴。1834年，他被伦敦国王学院任命为实验哲学教授。同年，他在一个实验中用一种旋转镜来测量电在一条导线中运动的速度——这个原理后来被用于测定光速。和库克（Sir William Fothergill Cooke）[22]一起，他在1837年为早期的电报注册了专利。这一年，他在斯旺西海湾开始了海底电报的工作。他发明了万花筒和立体镜。后者是一种能看到立体图像的装置，现在广泛地用在X射线、电子显微镜和航空照相的成像中。但是，惠斯通桥——一种测量电阻的仪器，却不是他发明的。这是数学家克里斯蒂（Samuel Hunter Christie）[23]的发明，惠斯通只是将它推广应用了。］

电磁感应的发现，以及第一个变压器和发电机

电磁感应现象是在 1831 年 8 月 29 日被发现的，这是法拉第的最重大发现。很快，这个发现为人们带来了"电的发生器"（即发电机）和变压器。这个日子现在被公认为电力工业的诞生日。当时他已经读了奥斯特 1820 年具有划时代意义的论文，论文描述了一枚磁针如何因放置在一根通电导线上而产生偏转（图 14）。这项工作首次确证了电磁场的真实性。同一年，他还得知安培的发现，即两根通有电流的导线也会相互产生作用力（图 15）。这个现象令安培猜测，磁场实际上可归因于电荷的流动。自那以后，法拉第开始思考电和磁的关系。在 1821 年，法拉第的电磁旋转实验曾经激怒了沃拉斯顿和戴维。此实验背后所蕴含的设计理念便来自他对 1821 年 4 月以前的电磁学历史进展的调查。在 1822 年的笔记本中，法拉第写道：磁转换成电。经过一段时间其他工作的紧张忙碌以后，他从 1831 年 8 月重新继续这项工作。那一年 1 月至 6 月期间，他做了 5 次周五之夜讲演（主题包括光学的欺骗，光和磷光，草酰胺，热传导过程中声音的产生），另外 4 月和 5 月周四下午还有一个课程。

从 1831 年 8 月至 11 月的大约 10 个星期内，法拉第花了 10 天时间阐明了他的电磁感应定律：一个闭合电路中，可以通过改变磁场产生电流（图 19、20）。从而他奠定了现代电力工业的基础。

和其他主要结果相当不同，这项探索宣告了纯科学和工业应用之间关系的新纪元。创建于 18、19 世纪的工业赖以发展的发明都出自工厂而不是科学实验室。法拉第的工作却表明，对人类无比重要的工业

第 4 章　法拉第的科学贡献　　039

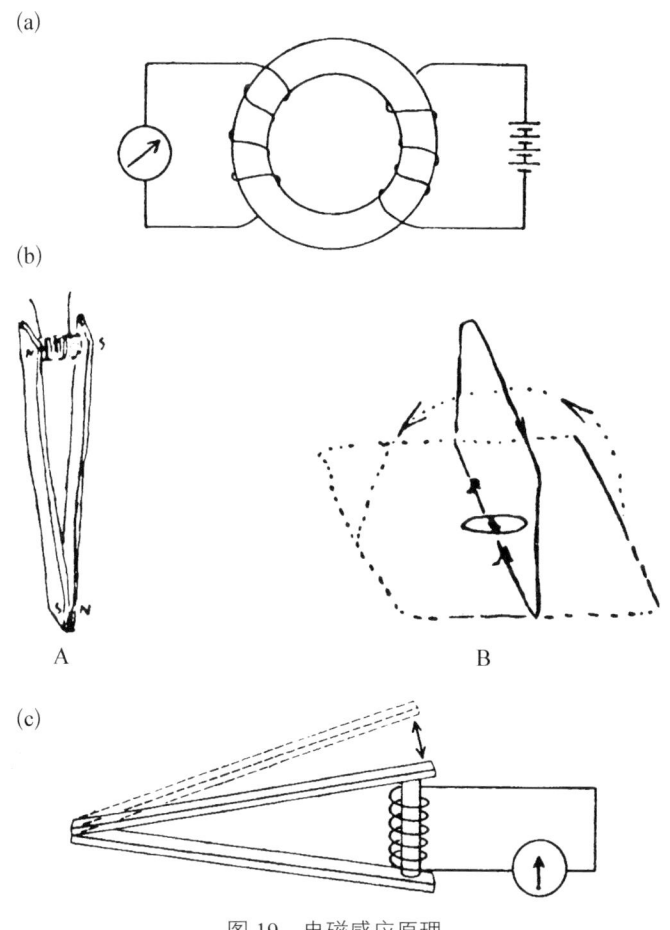

图 19　电磁感应原理

（a）法拉第发现，当处于一个软铁环一边的线圈上的电池被接上或者断开时，一股电流会通过铁环另一边的线圈。这是变压器的工作原理。（b）法拉第还展示了类似的效应也可以通过两个条状磁铁和缠绕在锥体上的线圈之间磁接触的建立或者阻断来得到（从他的日记中复制的草图 A）。法拉第还演示（12 月 26 日）了一个单线圈在地球磁场中旋转会产生电流（见他的草图 B）。（c）法拉第草图 A 的扩展视图。

同样可以诞生于研究实验室，尽管那里的工作原本仅仅只是致力于追求知识。果然不出所料，此后不久研究实验室很快成为大型电气公司的神经中枢，并且延续至今（比如飞利浦、西门子、英国通用电气、

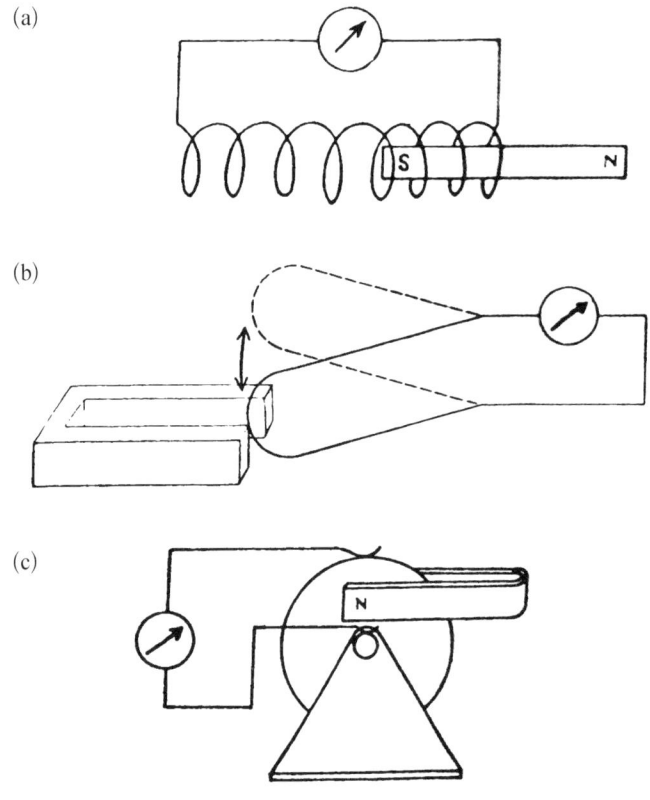

图 20　电磁感应原理

法拉第还演示了电流也可以通过向线圈中推入一条磁铁或者抽出它来产生（a），或者在磁场中上下移动一个线圈也可行（b）。他后来演示了在强磁场的两极之间旋转一个铜制圆盘可在圆盘中产生稳定的感应电流（c）。

日本电气、美国通用电气）。

　　电磁感应发现不久，法拉第开始猜想这个现象的机理。他讨厌远距离作用的想法。电荷之间以及磁极之间的力与距离的平方反比定律，即库仑（和卡文迪什[7]）反比定律，暗示了这种超距作用。他也不喜欢另一种概念，即在产生力的方面，两个物体之间的空间除了提供距离外不扮演任何角色。（他对引力定律也有类似的顾虑。）

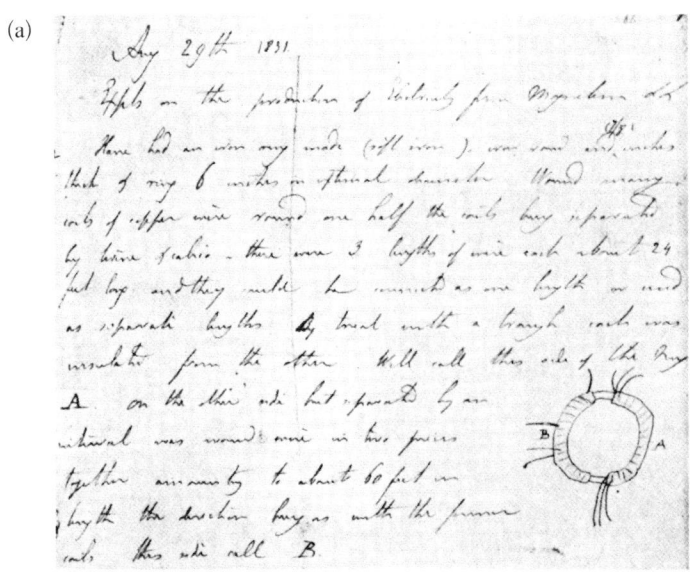

图 21　法拉第的日记和软铁圈

（a）法拉第 1831 年 8 月 29 日的日记。（b）法拉第用过的软铁圈原件。

在反对超距作用这个背景下，法拉第提出了场的概念——在磁体和通有电流的导线周围空间存在一个场（图 23）。将一张薄纸放在一块条状磁铁上，借助于洒在薄纸上的铁粉，法拉第演示了他所设想的

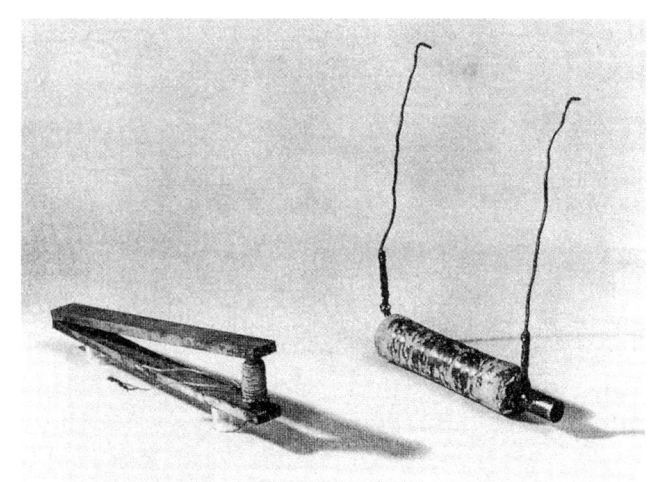

图 22　图 19 和图 20 所示意的实验中法拉第用过的装置原件

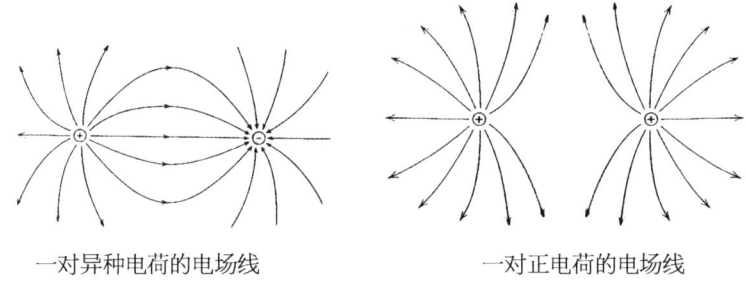

一对异种电荷的电场线　　　　　一对正电荷的电场线

图 23　法拉第相信力线占据着分隔磁或电荷的空间

力线的存在（图 24）。以后的 20 年，他在数篇论文和周五之夜演讲中逐渐完善他的力线的想法。

这可能是法拉第对物理学最伟大的贡献，至少无可置疑地是他最重要的理论贡献。他的力线开创了物理学和宇宙学的新纪元，一个建立在场概念上的新时代开启了。这个场遍布在磁体和电流周围的空间。用麦克斯韦（很久以后）的话说是"在天空编织了一张大网"。

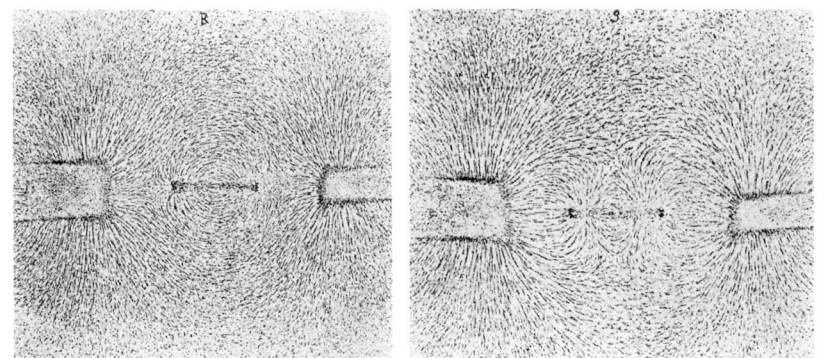

图 24　法拉第所得意的用来阐明力线真实存在的实验

把铁粉洒在一张纸上，其下面放置一块磁铁，轻轻地敲击那张纸，铁粉就会让力线显露出来。

电 解 定 律

1832 年 1 月至 1834 年 12 月是法拉第异常忙碌的时期。在这短短的时间内，他发表了 20 篇原始论文；作了 17 次周五之夜演讲（见附录 1）；举办 6 堂以化学为主题的圣诞节讲座（在 1832 年 12 月至 1833 年 1 月期间）；在皇家研究院，他白天讲授了 48 节有关化学和物理的主题广泛的课；他还在伍尔维奇军事学院上了 75 节课；与许多杰出人士频繁通信，这些杰出人士包括：巴黎的阿歇特（Jean Hachette）[24]和安培，时任副海军大臣的巴罗（Barrow）⑧，巴贝奇（Charles Babbage）[25]——此人设计了现代计算机的雏形，《文献报》的主编（法拉第就诺比利与自己在电和磁方面工作的知识产权归属，向他述说了自己的烦恼，见 92 页），那不勒斯大学的数学和玄学教授法齐尼（Lorenzo Fazzini）[26]，以及在同一座城市里的著名物理学家梅洛尼（Macedonio Melloni）[27]，在爱丁堡的福布斯（James David Forbes）[28]，在乌得勒支的莫尔（Gerrit

Moll）[29]，在斯德哥尔摩的世界化学先驱者之一贝采利乌斯[9]，在布鲁塞尔的普拉托（Joseph Plateau）[30]，数学家和科学普及者萨默维尔（Mary Somerville）[31]，赫歇尔，以及博学家休厄尔（他后来成为剑桥大学三一学院院长）。法拉第还写了7 500字的备忘录给盖-吕萨克。1834年7月11日，他出现在国会专责委员会面前，提供大都市下水道状态的证据。但是，尽管这类活动令人印象深刻，他在这段时间内所完成的最显著工作是电解定律的发现，此定律被后人称为法拉第电解定律。

这些定律被纳入科学领域最精确的普遍定律之列。在大学本科阶段，所有的普通化学教材和大多数物理教材依然给予它们很显要的地位，其原因在以下的论述中将显而易见。这些定律定量地描述了一种电导性物质化学分解的程度和通过它的电量之间的关系。借用法拉第的话，第一定律指出："化学作用或者说分解力，恰好和通入的电量成正比"。还是用他的话来说，第二定律断言"电化学的当量和通常的化学当量是一致的、等同的"。换言之，一种元素的电化学当量和它的化学当量成正比。今天我们把从氯化氢溶液中释放一个当量（也就是1.008克氢和35.457克氯），或者简言之，从导电性溶液或者相应化合物的导电性熔盐中释放任何一种的一个克当量，所需的电量被称为一个"法拉第"（它等于96 493库仑的电量）。

这些定律梳理清楚了当时的混乱状态。它们精确地找出了相关的因素，反过来也确认了不相关的因素。电流通过的溶液的浓度是无关紧要的，所用电极的物质性质或者尺寸也同样不重要。关键因素仅仅是电量和化学当量。这些结论引起了人们极大的怀疑。正如贝采利乌斯当时所指出的［据弗兰克兰（Edward Frankland）很久以后在周五之夜演讲中的回忆］[10]，"……元素由非常不同的亲和力结合而成的化合物,在分解的过程中需要同等量的电力"。换言之,自然界需要相同的电量来分解二元化合物 AB 和 CD 至元素 A 和 B,C 和 D,即使当 A 和 B 组合成 AB 所释放出来的能量和形成 CD 时所释放出来的能量有巨大的不同。

这个事实的重大意义在于揭示了:化学力和电力在根本上是密切地、定量地相联系的。例如,相对于电解一个克式量(摩尔质量旧称)的氯化氢,完全电解含有一个克式量的氯化钡($BaCl_2$)溶液或者氯化铝($AlCl_3$)溶液,需要 2 倍和 3 倍的电量。因此,氢、钡、铝原子分别和 1 个、2 个和 3 个氯原子反应,也和 1 个、2 个和 3 个单位的电量作用。如爱尔兰天文学家斯托尼(Johnstone Stoney)[32](在 1874 年)和德国由生理学家转行成为物理学家的亥姆霍兹(他于 1881 年在皇家研究院所做的法拉第讲座)所下的结论,电一定有一个单一的结构,它的单元最大的值应该足够和一个单价原子反应。法拉第电解定律的全部意义一直到 19 世纪 90 年代卡文迪什实验室的约瑟夫·约翰·汤姆孙(Joseph John Thomson)[33]发现了电子才全部体现出来。所有的离子,这些最早由法拉第谈论过的化学物种,都携带有一个电荷。这个电荷以电子电荷的倍数出现。物质和电的紧密联系直到 20 世纪初才完全被搞清楚。但是,这个思想的源头却起始于法拉第的工作。

正是法拉第,在休厄尔的引导下(在那个时候法拉第和他有大量的通信),引进了如今在电化学领域中使用的全部重要的词汇:电解质、电解、电解法、电极、阳极、阴极、离子、阴离子和阳离子等等。

法拉第工作的实际影响是重大的。它们〔很大程度在 19 世纪 30 年代经由圣彼得堡的雅可比(Jacobi)[34]之手〕引发了电镀技术和相关工业的出现,并且也在英格兰、法国和其他国家扎根和发展。在 1842

年，伯明翰的乔治·埃尔金顿（George Elkington）、亨利·埃尔金顿（Henry Elkington）堂兄弟和梅森（Josiah Mason）的合伙使得那个城市成了世界镀金和镀银工艺最重要的中心。这个商业发展标志了现在以它的古董价值来论贵贱的老式谢菲尔德板（sheffield plate）[35]迅速退出历史舞台。后者是用在富含铜的基材上加热和煅烧银箔的方法来制作的。可以认为，法拉第的科学成就是镀银工业的世界主导地位从谢菲尔德向伯明翰转移的最重要因素。法拉第不仅仅在电解方面的工作这层意义上突显出了极端的重要性，他早两年电磁感应的发现也导致了一种丰富的直流电的新来源。早在1832年，一个年轻的法国仪器制作人皮克西（Hippolyte Pixii）[36]在法国科学院展示了他的手摇发电机。1834年，一位伦敦的仪器制作人克拉克（E. Clarke）研制了一台改进型的发电机器。然而，伯明翰的伍里奇（John Stephen Woolrich）[37]则是利用磁电机器进行大面积金属电镀的第一人。毫不奇怪，市民对此流露出自豪感，即使今天伯明翰这座城市依然以此为荣耀。在伯明翰阿斯顿大厅教堂的一面墙边，靠着一架电镀机——据称是第一台商业用电镀机。其说明书这样写道⑪：

> 这架基于法拉第感应的伟大发现而构建的机器是由已故伯明翰人约翰·斯蒂芬·伍里奇发明的。它由普赖姆父子公司在1844年建造，并被他们使用了许多年，直至被经过结构改进、具有更高功率的机器所取代。它是第一台用于沉积银、金或者铜的磁力机，是日后所有神奇电动机的先驱。法拉第教授在一次于伯明翰举行的英国科学协会会议期间，和他的科学界朋友们一起访问了普赖姆父子公司的工厂，特别观看了他的伟大发现的实际应用。

亲眼目睹了自己的发现这么快、这么大规模地获得应用，以及如此成功地被应用于实际工业，他表达了强烈的喜悦之情。伯明翰的光荣不仅仅在于引进了电镀板——其应用如今已经传遍了所有的文明国家，也在于首次采用了法拉第从磁场获得电的伟大发现——那个现在已经对科学和文化产生巨大影响的发现。

法拉第的电解研究也催生了电铸工业（早期被叫做电成形）。其过程是将金属用电沉积的方法沉积在一个模子里，然后将模子除去。这个工艺成为早期留声机唱片、奖牌和电铸印板制作过程中的关键。法拉第的研究也诞生了化学分析中的超灵敏方法，即至今仍然被广泛采用的所谓电分析法，其中需要记录电沉积材料的重量。它还促使库仑法的建立，其中需要测量被电流转移的电荷量。

法拉第必须自行设计和制作库仑计、其他电器和电化学分析装置。他设计发明的伏打仪（现在被叫做气体库仑计）就是一个例子（图25）。它能够精确地测量从酸性水中电解产生的氢气和氧气的体积。由此，根据他的定律可以得到被转移的电荷量。还有一个例子是一个别出心裁的以

图 25 "伏打仪"

这个"伏打仪"是法拉第搭建的一个电瓶，能够精确地测量电解产生的氢气和氧气两种气体的体积。该体积直接正比于通过该电瓶的电量。

碘为基础材料的仪表，其中使用浸泡在淀粉/碘溶液中的纸和金属铂做成电极。利用这个仪器，他在1833年确认了不同来源产生的电并没有区别。

直至那个时候，伏打电和静电是否是同一种电仍然是个疑问。鉴于富兰克林（Benjamin Franklin）[38]的开创性工作，法拉第常称后者为富兰克林电。富兰克林指出，电永远不能被生成或者毁灭，而只能被转移。在发现由移动磁体产生电的新方法后，法拉第开始进一步思考：这种电和动物带的电（如那种电鳗所具有的电）以及热电是否相同。经过设计巧妙的系列实验，他确证了：一个标准的铂-锌电池接通3.2秒钟（他的怀表走8次的时间）和他制作的大静电发生器转30次所产生的碘沉积量相同。做了这个美妙而简单的实验后，法拉第得出这样的结论："电，不管来自何处，其本质是相同的。"实际上他表明的是：所谓的电，无论来源于雷雨天的霹雳、青蛙腿的"流电"、储存于莱顿瓶的静电、由伏打电堆产生的电流（类似于汽车中用的电池），还是在导线附

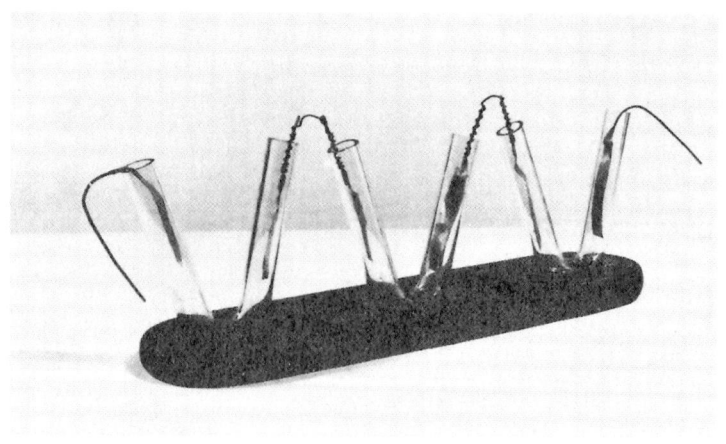

图26　法拉第为他关于溶液、液体和熔盐的电性质的研究工作所建造的装置之一

近移动一个磁体所产生的电流，都是同义词。

1834年，法拉第成为首任皇家研究院富勒化学教授。这要感谢那里一位悠闲常客的慷慨大方。这个人高个，是个快活的绅士（还是国会议员），用现在某位评论家⑫的话说，"这个人总是穿着老式的黄铜扣蓝色大衣，灰色衬衣，以及白色的长袜慢悠悠地去听法拉第的课。"这个叫做约翰·富勒（John Fuller）[39]的人慷慨解囊，提供了足够的资金，为法拉第和其他生理学和比较解剖学（访问教授）设立职位。据说这个富勒先生，

> ……体质上的软弱使他远离其他活动。为了必要的保健休息，他总能在皇家研究院课堂里的喃喃讲演声中获得休憩，甚至静静地睡去。在他忙忙碌碌的生活中，研究院给予了他一份安静的时光，为表达对此的感激，他遗赠皇家研究院一笔1万英镑的巨款!

1835年，法拉第对改进型伏打电池进行了研究。在意大利工作的梅洛尼发现了热辐射现象，对此法拉第也产生了浓厚的兴趣（还曾以此为主题做过讲座）。在这一年里，法拉第还为国会专责委员会提供过防止干腐的证据，并卷入多少有点令人不快的有关养老金颁发问题的系列事件中。

每年300英镑的国家养老金政策最

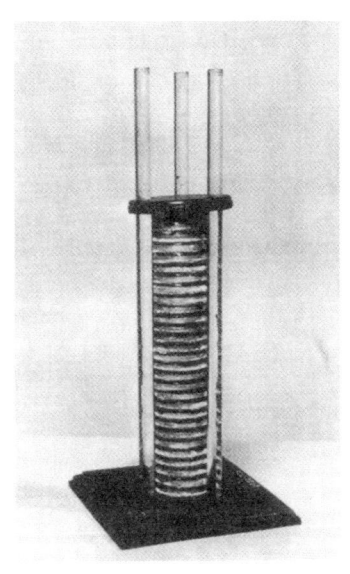

图27 伏打向法拉第展示的自己发明的伏打电堆

初由皮尔爵士（Sir Robert Peel）领导的保守党政府提出。但是，在正式手续完成之前，墨尔本勋爵（Lord Melbourne）领导的辉格党人开始执政。有报道说，在一次和法拉第艰难的对话中，墨尔本将公民养老金说成是无稽之谈。事实究竟如何，现在已无法确证。但是，法拉第满腔怒气地给墨尔本写了一封信，内容如下：

阁下，

　　承蒙阁下抬举，今天下午有幸与阁下交谈。关于近来给予科学界人士养老金一事，阁下对养老金总体性质的观点促使我恭恭敬敬地谢绝这份恩惠，因为我觉得我不能够说服自己从阁下您本人手中，尽管已经获得批准，接受阁下如此草率地给予定性的这份恩赐。

对此消息，法拉第的朋友们感到极其愤慨。威廉四世（King William IV）亲自处理了这件事情。最后，墨尔本给法拉第写了一封道歉信。养老金被确认，而且被心平气和地接受了。

法拉第一项对气体放电方面的研究也是在1835年完成的，这项研究工作虽然相对简短，但是非常重要，现在公认是等离子体化学和物理的最早期工作之一。和其他一些工作一起，这项工作为更完美地理解"充有惰性气体的真空管在放电时的发光现象"铺平了道路。今天，我们知道光的产生是一种二次现象：当一股电流通过气体时，电子和气体原子碰撞时会放出一部分能量，这部分能量又被气体原子以光的形式重新发射出来。

法拉第继续考察电火花，以及不同形状导体之间的各种各样的放电形式。他观察到，真空管内导体之间的放电随着管内残留气体的压力减小而变化，并特别注意到在阴极放电区附近有一块"黑暗区域"。这块区域现在被称为"法拉第暗区"。

1836年，法拉第开启了静电学的工作，完成了他著名的笼实验。为了了解这个实验的背景，需要回顾一下法拉第先前的工作。法拉第曾对不同形态和大小的固态导体进行了研究，并得出结论：不存在绝对电荷那样的东西。

图28 约翰·富勒的素描像

画像现今挂于皇家研究院。1833年，这个怪僻的国会议员和慈善家提出建立一个化学教授职位的动议，该职位首先应该授予法拉第，所设立的另外一个生理学教授职位应该授予马克·罗热。（罗热因他编的词典而出名。）

当一个物体被充电，一定会在附近的物体中诱发一个电量相同但是电性相反的电荷。像卡文迪什很久以前所做的一样，法拉第进一步推断（但是没有发表）：电荷驻留在导体的表面。在皇家研究院讲演厅演示的一个戏剧性实验中，法拉第坐在一个空的12英尺（1英尺=0.3米）见方的立方盒子（或称为"笼"）里，这个轻木框制成的方盒覆盖有一层导电材料，并和地板绝缘。当方盒被充电至一定程度时，电火花开始从它的表面放出，但是法拉第在方盒中用最敏感的仪器也没有检测出电的行为，所有的电行为发生在方盒表面

图 29　法拉第 1836 年 1 月 15 日的日记节录
当时他为著名的笼实验建造了 12 英尺的方盒子。

和邻近的物体之间。由于这个实验,诞生了一个词语:法拉第笼(Faraday Cage),它至今依然被用来表示相似的结构。

这个惊人的演示促使他自问,如果在充电的表面和邻近的物体之间的空间插入一个非导体(也就是说一个绝缘体)会发生什么情况呢?他的直觉引导他产生了一种看法,即绝缘体可能会处于一种受应力的状态。这个结果又导致了他稍后有关电介质和感生电容率的开创性研究。

1836年,他被任命为三一楼(Trinity House)[40]的科学顾问。他非常珍惜,并几乎终生保持了这个职位。这个职位的工作包括:围绕灯塔的照明系统、大雾警示系统和类似问题的最优化设计,以及在实验室和户外的相关实验。也是在1836年,经国王提名,法拉第成为伦敦大学教务会成员。法拉第从未在大学学习过,这是他第一次以半正规的形式参与一所综合性大学的管理事务。

介电常数、电容器的实验、分子极化

1837年12月21日,就在他的6个有关化学的圣诞节系列讲座的第5讲(从1837年12月28日至1838年1月9日)之前,法拉第宣读了一篇对于皇家研究院具有纪念碑意义的论文——《电感应》(On Induction)。那一年的早些时候,他开始思考电的作用以及这种作用如何从空间的一个点转移到另一个点,当时的科学家们认为那是一个徒劳的实践。库仑定律已经被坚固地确立了(见40页):为了计算这种作用力只需知道电量以及它们分开的距离就可以了，就像计算行星间引力的情况一样。除了法拉第以外，没有人猜想电荷之间的介质除了具有防止电荷耗散的绝缘能力以外还会有任何其他的重要性。法拉第一直不喜欢这个论点（见40页），以及"距离之间作用"这种概念。他希冀寻求一个更加清晰的图像，努力构建一种机制，在这种机制中电荷之间电的作用是通过一步接一步的过程来完成的。

  法拉第由此推理，如果这样的过程的确存在，相对于通过物质来传递作用，它显然是一种奇特的现象。于是，这种思考自然引导他进行有关绝缘体对电场分布可能产生影响的实验。他做了一些尽可能一模一样的球形电容器，每一个电容器包含两个同心球，内球比外球小3厘米（图30）。他首先证实，如果仅仅给其中一个电容器的内球充电，然后用第二个电容器的内球来接触第一个内球，电荷将在它们之间平均分配。但是，他随后在其中一个电容器的内外球间隙中加入了一种绝缘体（例如硫）。重复上述实验，他获得了新发现。电荷量不再平均分为两部分，而是出现这种情况：那个含有绝缘体的电容器总是获得更多的电荷量。法拉第用库仑扭力天平测量了电荷量。于是，这就成了一个定量的实验。立刻，他用一个他称为"感生电容率"的特定常数来表征绝缘体的影响。这个常数现在一直被称为介电常数或者电容率[13]。现在，电容的单位叫做"法拉"。

  法拉第继续努力，构思绝缘体如何会发生电感应效应。因为他所使用的材料是绝缘体，

图30 法拉第用于阐明一个绝缘体如何储存电量的球型电容器

不存在电荷从一个分子到另一个分子的转移。在那个时候，法拉第并不拘于我们（或者卡文迪什和库仑）所理解的电荷概念。他对于分子由原子组成的观念也抱有强烈的保留意见。下文会给出一种现代诠释，描绘法拉第构建的用于解释绝缘体中电感应效应的方法。

［法拉第终其一生似乎都没有为道尔顿（John Dalton）[41]有关原子存在的论点而动摇自己的看法。这多少有点令人吃惊。于1803—1804年间，在皇家研究院的讲课中，道尔顿首次向公众细述了他的原子理论。稍后，这个理论被广泛地接受了。1816年，法国科学院选举道尔顿为通讯院士。不久，在戴维去世之后，道尔顿成为法国科学院8个外籍院士之一。道尔顿也被选为英国皇家学会会员，并是最早获得皇家奖章的人之一。在他去世时，他的原子理论在许多化学家中已经非常流行，在更具有物理理念的实验哲学家中却不尽然。法拉第并不确信这个理论，在他的论著中他从来没有觉得有必要假设原子的存在。同样抱有这种看法的还有一些其他杰出的科学家们，特别值得注意的是伟大的德国化学家奥斯特瓦尔德（Wilhelm Ostwald）[42]，他于1909年获得诺贝尔化学奖。直至20世纪10年代，关于原子他依然有着相似的感觉。］

尽管在法拉第所研究的绝缘体中，电荷从一个分子到另外一个分子的转移不会发生，然而在每一个分子内部，电荷移动的可能性是存在的。如果情形果真如此，那么在电场的影响下，每一个分子就会被极化。可以设想，分子的一头会带正电，另一头却带负电，而且所有的分子正电一端会指向电容器的负电极板。法拉第所做的实验解释了绝缘体是如何和电容器的极板发生作用，并吸引更多的电子到后者的表面的。

因此，宏观的介电常数引导我们去思考微观的分子和它的性质。

对于不同分子，电荷在分子内部的移动是否差异不大？这种运动和它们的化学结构是否并不存在某种关联？法拉第提出这样的问题，并且以他一贯的做法去解决，——尝试通过新的实验来得到答案。他成功地在一个电容器的两个圆球之间填充许多化学性质迥异的气体。法拉第一次又一次地进行尝试，试图检测到内球上携带的电价与填充空气时不同。但是，他失败了。他的方法不够灵敏。他于是提出第二个问题：极化是否不受温度的影响？他尝试了热空气和冷空气，但是又一次失败了。他又提出第三个问题：一个分子的极化率在不同的方向上是否没有什么差异？他使用了晶体，尝试检测在不同的方向上的电容率。他报告说，在一个实验中，他发现了不同方向上极化率的不同，但是在其他实验中却未能检测到这种效应。

正如德拜（William Debye）[43]（1884—1966，荷兰裔美国科学家，1936年[44]因极性分子的工作而获诺贝尔奖）在1931年针对这个系列实验所做的评论，"……尽管没有得到肯定的结果，法拉第先知先觉的天赋却被美妙地展示出来……"。现在我们知道，大多数分子具有恒定的一头带正价，另一头带负价的结构。于是，它们就像小磁针那样能够仅仅通过取向而产生电感应效应。然而，重要的是法拉第非常清楚地感觉到，感生电容率必须与分子的结构密切相关。从那个时代至今，所有有关介电常数的工作都因他这种预感而让他获得崇高的评价。

生命的耗竭

19世纪30年代的10年间，那么大量的经久不懈、激动人心的工作所带来的劳累严重损耗了法拉第的健康。长期困扰他的头疼病加剧，这使得他记忆力衰退,比往常更加焦虑。他像是生活在杂乱无章的环境中,总是有东西诱惑他不分昼夜地长时间工作。1835年,在瑞士的一次几个月的度假多多少少让他有所恢复。但是,1840年他几近完全崩溃,精神和身体都衰竭了,他休息了整整一年。许多评论家都声称,法拉第1840年一整年都处在完全休息的状态。但是,法拉第的"完全休息"等同于大多数人所承载的标准工作量。在1840年,他写了4篇论文登载在《哲学杂志》,1篇论文刊登在《哲学学报》,另外1篇发表在《文献报》。涉及的主题有:"光伏沉积""伏打堆中动力的来源""电磁感应",以及"锅炉喷出蒸汽的电现象"。那年夏天,他还在皇家研究院开设了一个7学时的课程。然而,以法拉第的标准,这是一段休闲的日子。

1841年间,他花了8个月时间用来休息。他和妻子以及哥哥一起去了瑞士。在那里,他进行了罕见的长距离行走(每天30～40英里,1英里=1.6千米)。从1841年12月28日到1842年1月8日,他又做了一个圣诞节讲座系列(主题是化学入门)。1841年6月,他写了一篇令人愉快的记事文,描述"27日(1841年5月)我们看到的绚丽的闪电,以及它展现给伦敦群众的奇特景象"(见第5章)。

磁光学(法拉第效应)和抗磁性

1845年9月,利用一种大约20年前他自己制备的特殊硼酸铅玻璃,法拉第发现了所谓的"法拉第效应",即磁场驱动光的极化面发生旋转。这是有史以来光和磁性联系的第一次演示。它标志着磁光学的诞生。10年以后,这一学科在麦克斯韦手中获得了成功的扩展。

法拉第的头脑里充满着一种信念:自然界中的力存在着潜在的统

一性。这种信念促使他去探讨光、磁以及电之间的联系。在 1845 年间他所进行的一个实验是：观察当平面极化光通过一个透明的绝缘体时是否会受强电场的影响。他没有发现任何迹象表明这种影响的存在。然后，他将注意力转移到磁场。各种各样的透明材料被放在平行放置的两个圆柱形强电磁体的两极之间。岩盐、石英、明矾、萤石等等，所有这些材料以及其他许多透明的物质都被试过了。但是，所有的结果都是否定的。之后，他用了自己制作的一种玻璃样品，即前文所提及的硼酸铅。1845 年 9 月 13 日，成功终于降临了。因为最初那些被他测试的玻璃都严重受损且有沟痕，仅仅能给出充其量是可疑的结果。正是当他想起他的光学玻璃样品时，才终于找到了足够好的样品。于是，他繁琐的早期研究最终获得了丰厚的回报。正如法拉第所写到的，"……在极化光上的确产生了效应，这样就证明了磁力和光之间是互相有关系的。"在他经过和自然的艰苦斗争，最终得到这个结果之后，法拉第在日记里扼要地写道："今天已经知足了"。11 月 5 日，他向皇家学会发送题目为《论光的磁化和磁力线的发光》(On the Magnetization of Light and the Illumination of Magnetic Lines of Force) 的论文，在引言中透露出气吞山河的豪迈：

> 我长期持有一个观点，几乎达到信仰的程度。和许多热爱自然知识的人一样，我相信：物质力所彰显的不同形式具有一个共同的起源。换言之，它们如此直接相关联和相互依存，以致它们是可转换的，譬如从一种转换为另一种，并且在它们的行为中具有力的等价量。如今，它们互换性的证明已经积累到非常可观的程度，它们等价力的确定工作也已经开始了。

法拉第继续表明，如果条件合适的话，最初在含铅玻璃上观察到的效应也可以在许多其他材料上展现出来，不必是玻璃。极化面旋转的方向取决于磁场的方向——这就是法拉第效应。它产生了长远的影响，至今仍具有巨大的实际应用价值，追踪宇宙飞船即是一个最近的实例[14]。

图 31　法拉第（右边）和丹尼尔（John Frederic Daniell）[45]在一起的早期照片（大约 1843 年）

后者是伦敦国王学院的首任化学教授。（丹尼尔因电化学电池而出名。这种电池现在依然被广泛应用。）

法拉第发现的现象，原理上与由一些譬如石英那样的特定晶体（或者光活性分子溶液）产生的极化面自然旋转不同。当光穿过石英并被反射，所产生的极化面旋转为零。但是在任何一种磁化物质中，如果光反射是沿着磁力线的方向，极化面的旋转是原来的两倍。法拉第的发现很快向不同的方向扩展。年少气盛的汤姆森曾经在皇家研究院与法拉第有一段共事的经历。1845 年 8 月，他曾经写信给法拉第，描述他在对法拉第力线概念进行数学模型建立方面取得的初步成功。根据安培早期的有关物质的磁性来源于内部存在的很小的涡状电流的建议，他以为法拉第的发现暗示了磁场可以激发分子中电荷的旋转运动。这个想法成了日后麦克斯韦发展电磁辐射理论的灵感源泉。正是在这一点上，法拉第和麦克斯韦引入了光是一种电磁波的假想。其后，在卡尔斯鲁厄的赫兹（Heinrich Hertz）[46]发现了电磁波（不可见）后，概念上取得了重要的进一步发展。精彩的论证揭晓了：可见光原理上和无线电波没有什么差别。随着时间的流逝，当伦琴的 X 射线和伴随放射性衰变而产生的 γ 射线相继被发现，人们认识到所有的波本质上是相同的。麦克斯韦评价：如同"在天空中编织了一张网"，法拉第的力线实在具有先知先觉的洞察力！

法拉第效应还有另外一个重要的现代硕果：它为磁-光纪录方面的应用提供了基础。在信息储存的过程中，垂直磁化的涂层中的小磁性畴界有相反的磁性方向，于是通过光学方式"阅读"发生在磁性表面不同畴界上反射光的线性极化的相应变化可以实现信息的提取。如同法拉第最初的仪器中所采用硼酸铅玻璃一样，如今由含铂、锰、锑等元素的奇特材料制成的超薄薄膜被用作这些信息储存器件中的介质。

图 32　法拉第建造和使用过的珍贵的电磁体

1845 年 11 月对于法拉第来说是一个异常高产的月份。11 月 4 日，即他向皇家学会递送法拉第效应论文的前一天，他在自己新制备的超强马蹄形电磁铁两极之间悬吊一块重玻璃（图 32），他发现当接通电流时，玻璃趋于调整位置使自己垂直于水平面上的磁场。这个实验显示了一个令人震惊的事实：一个"非磁性"材料——非常不同于磁石或铁——显示出对磁场的敏感性。普通的磁性材料（如磁铁）制成的棒状样品，当接通磁场时会自动调整它们的位置以沿着两极的连接线方向。这些初步的结果引导法拉第在研究磁体的作用时试用了大量完全不同类型的样品：矿物盐、蔬菜和动物组织等等都被坚持不懈地、兴致勃勃地检测过。结果表明，它们要么与铁类似（被称为磁性材料），要么类似玻璃或者铋，于是被归入一种新型物质类别（被称为抗磁性材料）。法拉第的这个实验记录曾经误导了几代学生。真实的情况是：处在完全均匀的磁场中的棒状物体，无论顺磁性还是抗磁性，都会自动地指向平行于磁场的方向。但是，法拉第的报告所涉及的装置就像一个很小的极靴，其磁场偏离轴线便会减弱。抗磁性物体会被推移到弱磁场区域，这是导致棒状物体横过来的原因。

　　法拉第实验所用材料异乎寻常的丰富多样。于1845年12月18日在皇家学会做的实验记述报告中，他谈到一个发现：木头、牛肉或者苹果等应该被一个磁体吸引或排斥将会是多么奇怪。接下来他说："如果一个人被悬挂起来并放置在磁场中，他会指向赤道方向（就像玻璃那样）"，因为组成他身体的所有物质，包括血液，已经被发现是抗磁

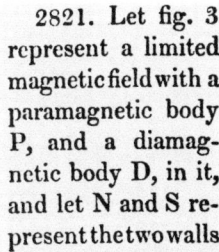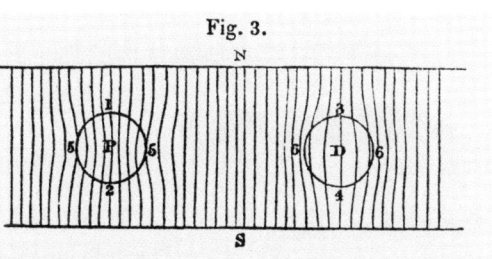

图33　法拉第论文中的草图

在顺磁性的材料中单位体积力线的数目要比在抗磁性材料中的多。这张草图出现在法拉第主题为"电的实验研究"的系列论文中的某一篇。

性的。为涵盖这项精彩工作的全貌，法拉第挑选出磁场中一个铜棒的迟缓行为，设想了一种所谓铜内电流感应的解释。这种电流如今被叫做涡电流，在法国则被称为傅科电流。

［莱昂·傅科（Léon Foucault, 1819—1868），法国科学家。因他用"傅科摆"演示地球自转以及第一次精确地测定光的速度而知名。］

抗磁性的发现为建立现代的、并依然蓬勃发展的分支学科——磁化学，以及系统研究物质的磁性质，迈出了伟大的一步。就像对于20世纪的材料科学家和工程师那样，它也是物理学家和生物学家的"军械库"里一件不可或缺的"武器"。

到了1848年，法拉第已经确认了晶体中的磁性各向异性（即晶体在磁场中因取向不同而表现出不同的磁性质），尽管他当时还没有为此想出一个专业词汇。正是磁性的各向异性研究工作的延伸，使得在皇家研究院戴维—法拉第实验室工作的朗斯代尔（Kathleen Lonsdale）和克里希南（Kariamanickam Srinivasa Krishnan）[47]于20世纪30年代中期无需借助X射线晶体学分析就可以确定晶体中分子的取向。

惠斯通怯场的那个晚上

据说1846年在那里发生了一件富有神话色彩却在科学上有着重要意义的事件。法拉第的朋友惠斯通（见37页）与此有关。当时惠斯通正按计划准备去做有关电磁钟的周五之夜讲演。他这个人无可救药地怯场，在最后一刻竟然惊慌失措地匆匆离开了研究院。有一份报告[15]声称，惠斯通逃离是因为他听说一个臭名昭著的、好喧嚷的激烈质问者克拉布特里（Joseph Crabtree）就在听众席中！法拉第曾经帮助他准备过讲演稿，现在只能自己迈入演讲厅做讲演了。但是，在讲课当中他意识到讲演可能会比原定的 1 小时提早 20 分钟结束。为了不打破该讲演恰好 1 小时的传统，他决定透露一些有关自然光的初步想法。他提出，光可能是从一个源头辐射出来的磁电力线受到干扰后的某种形式。《哲学杂志》的主编敦促他更深入地阐述这个主题。他于是写下了著名的《光线震动的想法》(Thoughts on Ray-vibrations)。文章是这样开头的：

亲爱的先生，

应你的遵嘱，我将尽力向你阐述一个想法。在最近一次周五之夜讲演堂上我代惠斯通做了有关电磁钟的报告，报告结束前很偶然地斗胆说出了这个想法。但是，我自始至终都意识到：我仅仅抛出一种猜测。这是我头脑里一种模糊的印象，我并没有给出任何经过深思熟虑的结果，或者确定的信念，甚至仅仅是可能的结论……

在当时，这些观点遭到非常大的质疑，甚至还算"温和"的嘲讽。但是，在 1864 年麦克斯韦写道："他（法拉第）所设想的光的电磁理论在本质上和我开始发展的理论是相同的。"

尽管惠斯通草率离场，法拉第登台即兴演讲的故事听起来完全合理，故事中两人性格的种种细节以及他们之间的关系几乎可以肯定是杜撰的⑯。这个故事的细述最早见于汤普森（Phillips Thompson）[48] 1901 年版的《迈克尔·法拉第》[Michael Faraday，伦敦卡塞尔出版社]，后来经常被转述 [例如，见于威廉斯（Leslie Pearce Williams）[49]

的《迈克尔·法拉第传记》(*Michael Faraday: A Biography*),剑桥大学出版社,1971 年,伦敦]。但是,廷德尔(John Tyndall)[50](见 133 页)和任何人一样了解法拉第的生平,他却从来没有提及过此事。琼斯(Henry Bence Jones)[51]在《法拉第的一生和书信》[*The Life and Letters of Faraday*,伦敦朗曼出版社]中也没有记述。人们主观上信以为真的东西所产生的社会影响力往往不见得比实际发生的事情逊色。周五之夜讲演会的几代讲演人已经把这个故事描述得惟妙惟肖,它已经在正式开讲前几分钟对提高他们的肾上腺素产生了意想不到的效果。对院长们也是如此。后来,皇家研究院有了一个历史悠久的传统,演讲人在开讲之前会被反锁在一间屋子里达半小时!这个行为赋予"法拉第笼"一词一种新的含义。

电 与 重 力

在 1849 年,法拉第曾尝试建立重力和电之间的联系,却以失败告终。认为在这个领域法拉第也赋有先知先觉的洞察力是一种堂吉诃德式的幻觉。但是,现今有关场和物质的互换性的争论(和其他工作一道,这些争论试图解释看起来和真空完全不同的物质的本质和起源。)的主干思想可以溯源于法拉第的场理论模型概念这一观点是无可厚非的。在历史学家和自然哲学家之间有关法拉第的场概念存在不小的分歧。他引进这个词仅仅是表示磁体两个极在它们之间的空间内发生了作用,而对于我们如今所理解的场理论的发展,麦克斯韦比任何人都做出了更大的贡献。另一方面,正是法拉第对"超距作用"自始至终的反感,引导他产生了自己独特的想法(这种想法一直是模模糊糊的）：在自由空间中存在着某些过程，力通过它们才得以传递。同时，他不相信以太。麦克斯韦和法拉第的后继者们（其中廷德尔在这问题上相当有特点）拒绝接受法拉第所相信的"力的管道"是一个实体这样的观点。但是，他们信奉他所谓的"作为相互作用发生的场景的'空'的空间"，或称之为场。换言之，法拉第的个人概念对他自己的实验是一种巨大的刺激，却无法传授给其他人；但是那些人受到激励，获取了对他们有用的部分，以法拉第根本无法证明的方式加以应用，譬如开尔文和麦克斯韦的以太模型。

在论文《论重力和电的可能关系》(On the Possible Relation of Gravity to Electricity，发表于《哲学学报》）的最后一段，法拉第发出了不朽的鸣唱：

> 演讲至此，我结束我的尝试。结果是负面的。它们没有动摇我关于重力和电力之间存在一种关系的强烈感觉，尽管它们没有给出这种关系存在的证明。

1921年，卡鲁扎（Theodor Franz Eduard Kaluza）[52]完全通过理论研究的方法做了和法拉第所做的非常不同的尝试：意图统一重力和电磁力。卡鲁扎表明，如果爱因斯坦的重力场系列方程用五维形式而不是四维形式（宇宙学家认为世界是四维的，即三维空间和一维时间）来表达，那么从维度构架分析中得出，它们和通常的重力场系列方程加上麦克斯韦电磁场方程（基于法拉第的工作）是完全等同的。我们可以换一种不同的方式来描述：在某种意义上，电磁场仅仅是五维重力场的一个组成部分。然而，卡鲁扎的理论根本没有被普遍接受。

以回顾历史的视角，我们现在能够明白在法拉第的时代想成功地获得统一场理论，哪怕是一个预示，都是完全不可能的。一方面，空间和时间在相对论里的统一直到爱因斯坦才得以完成。另一方面，量子物理的发现揭示了重力场和电磁场的经典想法和基本粒子水平上的作用力（即弱相互作用和强相互作用）存在着巨大鸿沟。在20世纪30年代，爱丁顿（Arthur Stanley Eddington）[53]（英国恒星结构和广义相对论的先驱者）做了大胆的却极其不可思议的努力：试图用一个基本理论将宏观世界和微观世界联系起来。这个所谓的理论遭到嘲笑，并早被遗忘了。卡鲁扎和他的支持者克莱因（Klein）基本上是传统型学者。其他一些人将他们的想法起死回生，希望构建一个新的基本理论，能在比爱丁顿更多的知识基础上整合所有的力。所以，这是一个从法拉第时代到现代关于统一场思想连绵不断的研究过程，仅此而已。法拉第，这个对原子的存在持怀疑态度，坚决反对"超距作用"的人，如果看到这些概念现在被当作严肃的物理思想，即便他对数学不是完全无知，可能也会非常困惑的。

自法拉第之后，第一个有关自然力的进一步统一的直接实验证据来自20世纪80年代在欧洲核子研究实验室中子-反中子对撞机上进行的系列实验。欧洲核子研究组织（CERN）那架庞大的加速器能够让物质粒子以如此巨大的力产生碰撞，以致在转瞬即逝间，它们能够模拟据认为是最初"宇宙大爆炸"后仅仅十亿分之一秒时的宇宙条件。

20世纪60年代后期由萨拉姆（Mohammad Abdus Salam）和温伯格（Steven Weinberg）[54]进行的理论工作表明，在电磁力和所谓的弱核力之间存在着一种美妙的联系。他们的理论曾经预言会有新的非常重的亚原子粒子存在，即W粒子和Z粒子。正是这些预料的粒子的发现使得物理学界许多人相信：所有的自然力在某个很深的层次上都是某种超级力的具体表现形式。这个游荡在法拉第所有论文字里行间的想法，就像在58页所引述的那样，被如此有力地证明了。

在 1986 年 11 月 14 日的周五之夜讲演会上，物理学家戴维斯（Paul Davies）[55]演示了如图 34 所示的卡通，提醒听众注意大统一理论。图中，强作用力和温伯格、萨拉姆完成的电磁-弱作用力被统一起来。所有这些都是尝试着给出法拉第关于重力和电力之间潜在关联的信念一种现代诠释。

图 34 这个卡通表现法拉第为发现电磁场和重力场之间联系进行的实验

戴维斯教授于 1986 年 11 月在他的演讲会上作反重力报告时展示了这幅图。

分割[17]的金属和胶体金

1857 年法拉第做了他的最后一堂贝克讲座，主题是"金（以及其他金属）与光的实验关系"。这与现代胶体化学，与普遍意义上粉碎的固体（粉末）以及作为特例的金属原子簇等的制备和性质都具有重要的相关性。尽管金溶胶（即无数金的细小颗粒分散在一个合适的介质中，由此得到的稳定的物质系统——悬浮液）在 17 世纪就已经为炼金

图35 这个由法拉第在1856年上半年制备的制备液中"分割"金的微小颗粒是产生激光强散射的原因

师所知,然而对它们的制备和性质进行科学研究却是源于法拉第的这篇论文。(这篇论文也是关于气溶胶和凝胶实验的浩大信息库。)他观测到,盐的加入可以让红宝石颜色的溶胶变成蓝色,然后使其凝固。这些效应可以通过加入明胶以及其他胶体来阻止。外观上和溶液相同,红宝石颜色(法拉第所使用的形容词)以及紫石英颜色的溶胶,被他非直接地证明含有金颗粒。那是因为,与真正的溶液不同,当一束光穿过它们时会被其中的颗粒散射,令其可以被站在光束旁边某个合适角度的观察者看到(图35)。(后来,廷德尔在皇家研究院详细研究了这个现象。因此,此现象通常被称为廷德尔效应)。追根溯源[18],在法拉第1857年的论文中我们能清楚地看到这项工作的萌芽阶段。这项研究日后导致了席格蒙迪(Richard Adolf Zsigmondy)[19]、佩兰(Jean Baptiste Perrin)[20]以及斯维德贝里(Theodor Svedberg)[21]获得诺贝尔奖。金的不同制备方法带来不同的颜色。我们现在知道,这是因为分散颗粒的平均大小不同。

法拉第1857年有关胶体金的论文也为薄膜的现代物理研究铺垫了部分基石。他在12种不同金属上进行实验探索,其中充满着物理和化学的美妙。在某处,他写道:

迄今为止,看起来我已经假设各种各样的方法制备出来的(胶体)金样品,无论其颜色是红宝石色、绿色、紫色还是蓝色的,都是由金属态的物质材料组成。我现在将把各种能让我得出这种结论的理由整合在一起。

结果一如既往地证明他是对的。按照法拉第给出的配方制备而成的胶体金属的高分辨电子显微像(图36)毫无疑问地显示"分割"固体的晶体特征。法拉第的1857年论文中还有另外一个奇妙的暗示。他考虑了所有有关金和光相互作用的可能性,在导言快结束时写道:"……我一度希望我已经用金作为工具使光线的颜色从一种转变成另外一种"。

人们可能很愿意相信,远在第二代谐波和合频(现代光电子学的一个特征)被发现之前,法拉第就在用他准确无误的直觉寻求一种方法,能够通过设计一种装置来改变光线的固有性质。这种装置如今或许可以被称为倍频器。但是,我们必须谨慎,这并不意味法拉第的超常直觉能够把他引入和他的印象世界完全不同的现象。但是毫无疑问,他是站在揭示所谓的"拉曼效应"正确的路线上,该效应于1928年在印度首次获得确认。在这个效应下,当一种波长的光被和它接触的物体散射时,会产生一种可以确切预知的、波长更长的光。

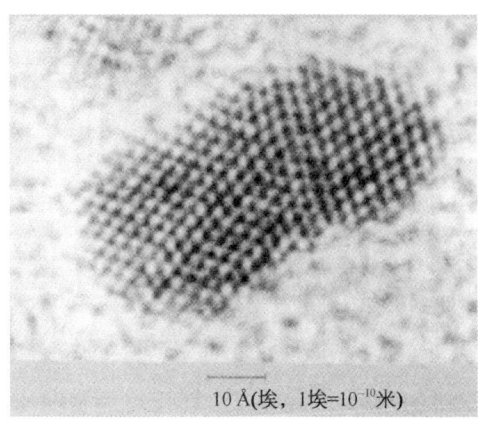

图36 高分辨电子显微镜使得分散的"分割"金中单个的原子(即黑点)直接可见(原子中心间的距离小于 0.000 000 02 厘米)

［拉曼爵士（1888—1970），印度物理学家，诺贝尔奖获得者。他在分子光谱和声学领域做出过开创性的工作，包括撰写了大量的有关印度传统乐器的论文。拉曼在加尔各答做了很长时间的公务员。印度科学培养协会[56]就坐落在加尔各答，离他家和工作的地方都不远，这使得他早期的科学研究成为可能。那里的实验室和设备是依照皇家研究院的布局装备的。他创建了印度科学院。］

在1858年，法拉第汇集了他之前大约40年发表在《皇家学会哲学学报》《皇家研究院学报》《哲学杂志》以及其他刊物上有关化学和物理方面的研究论文。这部文集袒露了两方面的信息——什么论文被包括在内，以及什么论文没有被包括在内。他一生中的第一篇论文发表于1816年，——《论托斯卡纳天然生石灰》（On the Native Caustic Lime of Tuscany）。这篇文章重新发表主要是情感和个人方面的原因，——法拉第在1858年添加的脚注中记述道，"它是我和公众交流的开始"。它也代表法拉第第一次尝试化学，"在那时我的恐惧要大于我的自信，而两者都远远大于我的知识"。更重要的是，他收录了在皇家学会做的第一次贝克讲座的完整记录（于1829年分3次讲授）——"论以光学应用为背景的玻璃制作"。一些科学史专家坚持认为法拉第的玻璃研究构成一个相对少产的时期。的确，他在这方面花了很长的时间，而且在那段时间他甚至考虑离开皇家研究院[6]。但是，法拉第添加的脚注却显示出他对玻璃制作的先驱性工作感到自豪，因为它在随后有关抗磁性和磁-光学（前文曾经提及）研究中扮演了关键角色。现在世界通信领域占主导地位的光学纤维常常通过旋转熔融的玻璃，使之穿过富含铂的衬套小孔来生产。法拉第当年含辛茹苦确认作为最合适生产无缺陷玻璃的物质正是这种含铂材料。

1857年间，法拉第做了一些实验，意在搜寻磁效应中时间所扮演的角色。他写信给麦克斯韦，用相当乐观的语气描述这项工作的前景。然而，时间对磁效应的影响始终没有观察到。那一年占据他头脑的其他活动还包括：在一次土木工程师学会的讨论会上作有关海底电报的电流和感应的发言；写信给圣保罗[57]的教长以及参与撰写国家画廊馆内委员会（他是该委员会成员）的报告，——两次他都对大英博物馆里大理石的状态表示了担忧；在《哲学杂志》上发表短文《星星的闪烁》(The Twinkling of Stars)；还有一篇发表在《皇家内科和外科医师学会会刊》上的通讯，文章名为《论确定脚里面一根断针的存在、位置、深度和长度的现有方法》(On a Ready Method of Determining the Presence, Position, Depth, and Length of a Needle Broken into the Foot)。

法拉第的最后实验工作和塞曼效应

在1862年，法拉第致力于光和磁性关系的研究，这是他一生中最后的实验课题。他尽力去检测一个火焰的光谱线精准位置和谱线宽度在一块很强的磁体作用下可能产生的任何变化（实际上观察到的是钠蒸汽特征的鲜亮橘黄色），结果却是徒劳。不会有任何被他观察到的效应，因为当时基于棱镜的光谱仪的功率相当不足。直到美国人罗兰（Henry Augustus Rowland）[58]在1881年推出凹面衍射光栅，才获得了足够的灵敏度。有了这个帮助，荷兰物理学家塞曼（Pieter Zeeman）[59]在阅读了麦克斯韦所勾画的法拉第伟大生平后受到激励，于1896年观察到当年法拉第试图寻找的现象。现在这种现象以"塞曼效应"为世人所知。

光谱线在磁场中的宽化现象是由塞曼首先观察到的。利用剑桥理论物理学家拉莫尔爵士（Joseph Larmor）[60]所构想的一个定理，塞曼的同胞洛伦兹（Hendrik Lorentz）[61]美妙地解释了这一现象。在量子力学的发展中，塞曼效应扮演了重要的角色。在自然世界中存在着纵横交错的科学丝线，不同的事物往往以一种不可预测的方式相互关联。这一点在塞曼效应的发现中得到了很好的阐明。洛伦兹，欧洲最伟大的理论物理学家之一，在1918年说过：

> 正如他已经做到的，完全独立于任何特定的理论，也没有预先向我本人咨询，塞曼能够发现光谱线的磁性分辨率。如果电子的质量在相同电荷的情况下增加10倍，他也许就不会成功。

1929年，洛奇（Oliver Joseph Lodge）[62]在金属研究所做题目为"成功或错过发现的思想状态以及与金属相关的一些想法"的演讲。洛奇选用了塞曼效应的发现和法拉第的原始实验来阐述他的论点。他从实质意义上说明拉莫尔已经放弃了自己寻找磁场中谱图变化的尝试，因为作为一个理论物理学家，他已经计算过这种效应小到微乎其微。但是，那是在电子被发现之前的事。拉莫尔不知道有比原子更小的东西可能会辐射出来。洛奇记述说：

> 但是塞曼没有被超级理论阻碍，而是完全独立于它地继续重复法拉第的古老实验。……他发现了该效应——确实很小，但是并不是虚无；谱线稍稍有点宽化。这个初步的观察直接被公布了，拉莫尔于是写信给在利物浦的我，要求我重复塞曼的实验。我立

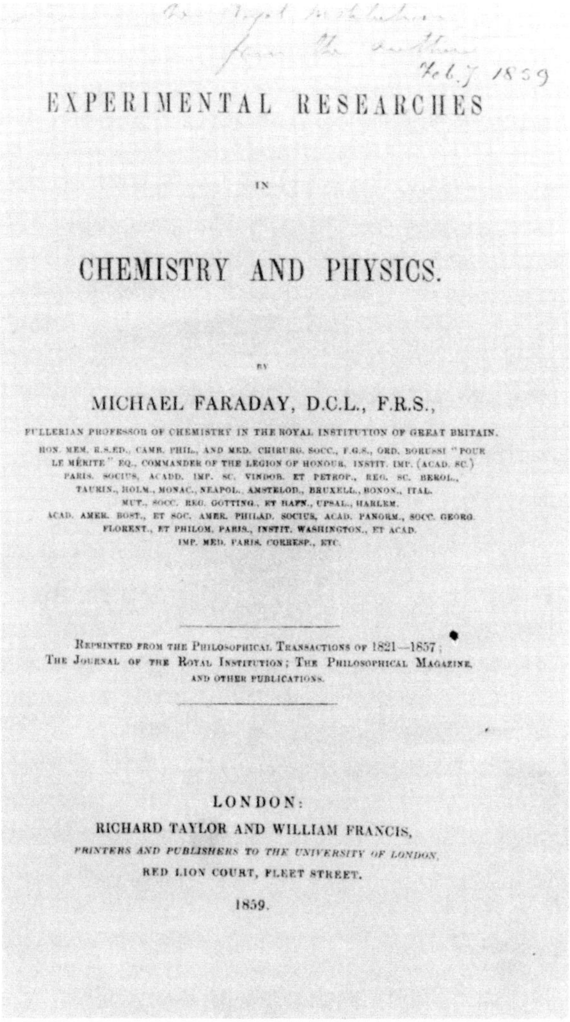

Feb. 7 1859

EXPERIMENTAL RESEARCHES

IN

CHEMISTRY AND PHYSICS.

BY

MICHAEL FARADAY, D.C.L., F.R.S.,

FULLERIAN PROFESSOR OF CHEMISTRY IN THE ROYAL INSTITUTION OF GREAT BRITAIN.

HON. MEM. R.S.ED., CAMB. PHIL., AND MED. CHIRURG. SOCC., F.G.S., ORD. BORUSSI "POUR LE MÉRITE" EQ., COMMANDER OF THE LEGION OF HONOUR, INSTIT. IMP. (ACAD. SC.) PARIS. SOCIUS, ACADD. IMP. SC. VINDOB. ET PETROP., REG. SC. BEROL., TAURIN., HOLM., MONAC., NEAPOL., AMSTELOD., BRUXELL., BONON., ITAL. MUT., SOCC. REG. GOTTING., ET HAFN., UPSAL., HARLEM. ACAD. AMER. BOST., ET SOC. AMER. PHILAD. SOCIUS, ACAD. PANORM., SOCC. GEORG. FLORENT., ET PHILOM. PARIS., INSTIT. WASHINGTON., ET ACAD. IMP. MED. PARIS. CORRESP., ETC.

Reprinted from the Philosophical Transactions of 1821—1857; The Journal of the Royal Institution; The Philosophical Magazine, and other publications.

LONDON:

RICHARD TAYLOR AND WILLIAM FRANCIS,

PRINTERS AND PUBLISHERS TO THE UNIVERSITY OF LONDON,

RED LION COURT, FLEET STREET.

1859.

图 37　法拉第在皇家研究院宣讲的“化学与物理的实验研究”印刷本的题目页

刻做了这个实验（包括用一个凹面的罗兰光栅和一个 3 英寸的望远镜）。在一周时间内，我证实了，并在皇家学会的晚会上演示了谱线的宽化（1897 年 5 月 20 日）。

洛奇进一步下结论:

> 一个实验科学家不应该在理论困境面前却步; 因为理论所依赖的数据可能是错误的。理论在数学层面上可能足够正确。但是, 数据、必需的物理设备等可能和我们所期望的不同。

磁场对光谱线影响的一个实际应用是用它来证明太阳黑子的强磁场以及太阳的总体磁场的存在。这两个重要发现是美国天文学家海耳（George Ellery Hale）[63]在帕萨迪纳的威尔逊山上获得的。海耳1909年曾在皇家研究院讲过课。

法拉第的其他发现

在这个按年表排列的有关法拉第工作的简述中, 许多他做过的有重要意义的观察和发展被省略了, 例如他在声音图形方面的开创性工作（见122—124页）。仅仅查阅法拉第的原始笔记, 读者就可以捕捉到其中所流露出的见识之深厚以及科学发现之丰富, 即便它们现在或过去被当成是小事情。

举例来说, 如果我们仔细阅读他1833年的实验室笔记——在他最多产的高峰期之一（见43页）——我们将看到他在那年的2月发现了熔盐电解质（图38）, 确认了超离子导体（氯化银、氯化铅和一些汞盐）。特别是到了11月初, 连同预先吸附的乙烯对金属催化活性的不利影响, 铂在氢和氧的结合反应中的催化行为已经被发现了——这是第一个有关多相催化中迟缓性（或称为抑制作用）的记录。11月22

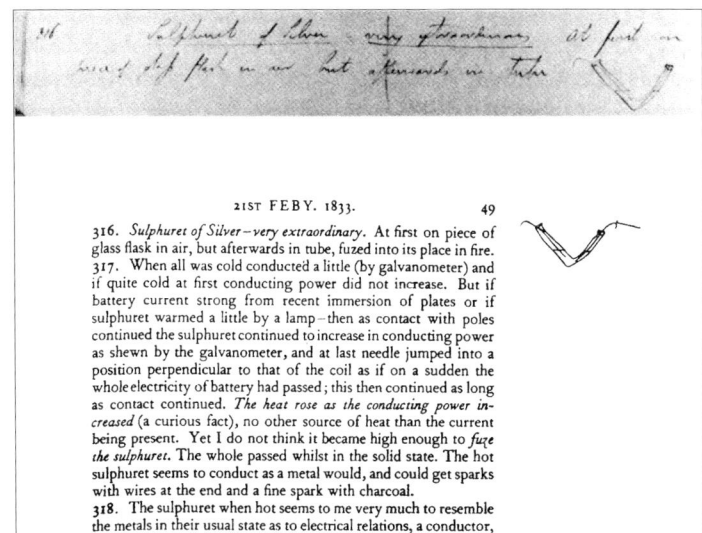

图 38　法拉第日记中的条目记载了硫化银加热后电子性质的非常奇特的行为
这是描述热敏电阻行为的第一个报告，即随着温度升高，材料的电阻下降。

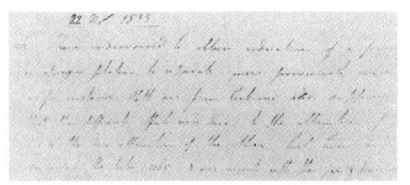

图 39　法拉第 1833 年 11 月 22 日的日记条目
记录了他用选择性吸附来分离两种气体的尝试（见正文）。

日，他突然冒出一个想法，——见他的日记第 1096 条（图 39）——乙烯气体［当时称其为 Oleft，法拉第自己采用的 Olefiant（成油气）一词的缩写］从二氧化碳中分离，从原理上讲可能会受到选择性吸附过程的影响。这里，他还把二氧化碳叫做碳酸。为此，他试用了海绵状铂，但是没有成功。（现在某些多孔吸附剂，如沸石，用于此目的或相关目的。）到了 11 月 25 日，他开展了另一项开拓性研究：表面清洁对固体润湿性的影响。他考察了石英、黑曜石、黄宝石、碳酸钙和云母（裂解后的和没有裂解的）等等的表面性质。他确认了一种现在被称为疏水性表面的表面性质，尽管当时他没有采用这个术语。

12 月中旬，法拉第反复思索不同来源的电子的等同性（见 46—48 页）。下旬，他深深地沉湎于那项为提出他的电解定理铺路的工作。12 月 24 日，他投入到一个实验中：研究当相同的电流通过熔融态锡的氯化物时电流路径所带来的化学变化。紧接着，他又做了熔融态氯化铅的平行实验。他的开创性实验"关于铅的氯化物、铅的碘化物、二价锡的氯化物和水的同时并连续的分解"是在 1833 年 12 月 26 日完成的。12 月 25 日没有日记条目。

他这种对科学事业的奉献精神几乎达到痴迷的程度。这在他整个职业生涯中具有代表性（见第 6 章）。

作者注

① 没有任何其他的科学家像他那样名字被用来命名两个国际单位（法拉和法拉第）。
② 当沃尔森德煤矿矿主敦促他搞一个专利来保护他的发明，这将会带来巨大的收入，戴维回答说：

> 我的好朋友，我从来没有考虑过这样的事情。我的唯一目的是服务于人类。如果我成功了，我已经从做这件事情获得的满足中得到了丰厚的回报……

企业的发展并不是永远以赚钱的欲望来驱动的。
③ 他唯一的一篇匿名论文。
④ 迈耶（Kristine Meyer）这样写道（见 Supplement of Nature, 29 August 1931, page 339）：

一位丹麦诗人——奥斯特的朋友——曾经说过，他心里充满人们常说的"童真"，总是以为"每个人都像他那样可以任由对科学的同样兴趣，同样正义感和理智来引导"。他认为一个人如果知道如何做是明智的和正确的，就一定会这样去做。从其生活和书信中，人们会获得对法拉第相同的印象。每个人都自觉地、无私地为自己所处的社会工作。

⑤ 现在被称为天然橡胶。法拉第在橡胶方面的研究使他能阐述硫化氢如何硬化这种材料，现在我们称这个现象为硫化。

⑥ 我的同事，詹姆斯博士（Dr F.A.J.L. James）曾经指出，1829 年 5 月 25 日，星期一，法拉盛战役的英雄、当时任位于查塔姆镇的皇家工程师兵团教学机构的主管帕斯利中校（Lt Col C.W. Pasley）写信给他的同事、伍尔维奇的皇家军事学院副院长德拉蒙德上校（Col P. Drummond），建议考虑接替辞职的学院化学教员麦科洛克（John MacColloch）的人选。帕斯利说，最近一次他造访皇家研究院时曾经试探性地问过法拉第，看他有没有兴趣。帕斯利提及，法拉第告诉他说，他目前的薪水太少，并不想永远在研究院工作。上一个星期五，法拉第在朴次茅斯军港作了有关布鲁内尔的滑轮制造器的报告。对于这个装置，军人比学术界人士更有兴趣。所以，看起来这就是为什么德拉蒙德写信给法拉第的原因。法拉第在回复中讨价还价。坚持他的工资必须是他在皇家研究院工资的 2 倍，他给德拉蒙德的回信是这样结尾的：

……如果你能决定给我开每年 200 英镑的薪水，我就可能来授课。……我把这个待遇看作是一种荣誉，恳求你相信我对此很在意。我本不应该抱有任何金钱方面的动机就早早地、高高兴兴地决定接受或者谢拒这个职位。但是，我的时间是我的唯一资产。为完成这个职责所必须占用的时间原本是用在我的专业业务上的。

我们绝对不能以为法拉第是在聚财。他信奉的教会所宣扬的是反对世上财富的积蓄。他收入多少就用多少，大部分给了慈善机构。

⑦ 古怪的英国人卡文迪什（1731—1810），"有学问的人中最富有的，富人中最有学问的"，已经预见了库仑的发现，即带电物体之间的电作用力反比于它们之间距离的平方。

⑧ 向他报告所完成的 31 个受怀疑燕麦样品的分析。法拉第发现它们含有大约 10% 含钙物质，显然是有欺诈目的故意加入的。

⑨ 法拉第1832年5月5日给贝采利乌斯的信是这样开始的："我们这里的人因你去世的报道而感到震惊，然而，也因发现这是一个误报而欢欣鼓舞。"而在结尾，"你能够长寿，促进化学科学和兴趣，给你的同时代人带来愉悦，是我的殷切希望"。贝采利乌斯又活了16年！

⑩ 指1854年6月2日的演讲。弗兰克兰（1825—1899）是法拉第的继任者廷德尔（1820—1893）的同时代人。他们一起在马尔堡，在以"燃烧器"成名的本生（R.W. Bunsen）手下学习。弗兰克兰1863至1865年任皇家研究院教授。当时他搬到皇家科学学院接替冯·霍夫曼（A.W. von Hofmann）。他最让人记忆深刻的成就有：把价态的概念引入化学领域；和洛克耶（Sir Joseph Norman Lockyer）一起在太阳光谱方面的工作最终促进了氦的发现；金属有机化学方面的开创性工作。

⑪ 布拉德伯里（F. Bradbury）《老式谢菲尔德板的历史》（*History of Old Sheffield Plate*）(J.W. Northend Ltd, Sheffield), (1983), 140。

⑫ 见 Gwendy Caroe, The Royal Institution: An Informal History, J. Murray, (1985)。

⑬ 我们现在知道，卡文迪什许多年以前就发现了感生电容率，但是他没有发表他的发现。

⑭ 正如在1989年11月10日凯特林文法学校前资深教师佩里（Geoffrey Perry）所作的周五之夜讲演中皇家研究院的会员所听说的。[见 Proc. of Royal Inst. of G.B., 62, (1990), 19]

⑮ M. Goldman, The Story of James Clerk Maxwell (Edinburgh), (1983), 90。

⑯ D. Gooding and F.A.J.L. James (ed), in Faraday Rediscovered, (Macmillan), (1985), 160。

⑰ 戴维和法拉第两人都常用"分割（divided）"一词来形容高度粉碎的金属。

⑱ 见 M. Kerker, Proc. of Royal Inst. of G.B. 61, (1989), 229。

⑲ 席格蒙迪（1865—1929），德国胶体化学家。他发明了超级显微镜，1925年获得诺贝尔奖。

⑳ 佩兰（1870—1942），法国物理学家。他从一项有关布朗运动的研究中测定了阿伏伽德罗常数，1926年获得诺贝尔奖。

㉑ 斯维德贝里（1884—1971），瑞典化学家。他发明了超速离心机，1923年获诺贝尔奖。

译者注

[1] 布兰德（1788—1866），英国化学家，曾任英国皇家铸币厂铸币模具部门总监。
[2] 格斯特（1785—1852），威尔士工程师、企业家。
[3] 哈德菲尔德（1858—1940），英国冶金学家。1882年他发现最早的合金钢之一的锰钢以及具有广泛用途的硅钢。
[4] 贝采利乌斯（1779—1848），瑞典化学家，现代化学命名体系的建立者。
[5] 韦奇伍德博物馆，位于特伦特河畔斯托克城（Stoke-on-Trent）。
[6] 巴纳德（1800—1879），法拉第的妻子。
[7] 桑德曼教会，18世纪发源于苏格兰的一个基督教分支。
[8] 贵格会，一种英国教会组织。
[9] 奥斯特（1777—1851），丹麦物理学家，磁场强度的国际单位以他的名字命名。
[10] 库仑（1736—1806），法国物理学家。电量的国际单位以他的名字命名。
[11] 泊松（1781—1840），法国数学家、几何学家和物理学家。许多数学概念以他的名字命名，如泊松分布、泊松方程等。
[12] 卡文迪什（1731—1810），英国物理学家、化学家、氢的发现者。
[13] 康德（1724—1804），德国著名哲学家，现代哲学的核心人物。
[14] 丹麦促进科学知识学会（Danish Society for the Promotion of Scientific Knowledge）。
[15] 霍尔（1863—1914），美国发明家、化学家。他所就读的欧柏林学院（Oberlin College）是位于俄亥俄州的著名私立文理学院。
[16] 实验室主任是当时皇家研究院的最高行政领导职位，相当于院长。
[17] 约翰·赫歇尔（1792—1871），英国数学家、天文学家、化学家。其父威廉·赫歇尔（1738—1822），英国著名天文学家。
[18] 原文提及第一个圣诞节讲座系列的主题是天文学，由法拉第的朋友瓦利斯主讲（1826年）。但是皇家研究院的官方网站中列出第一个讲演者是米林顿（1779—1868），时间是1825年。也许可以将米林顿的讲演认定为正式命名圣诞节讲座前的尝试。
[19] 里士满（1809—1896），英国画家。
[20] 鲁宾逊爵士（1886—1975），英国化学家，1947年因具有生物重要性的植物产物，特别是生物碱方面的研究而获得诺贝尔化学奖。
[21] 惠斯通（1802—1875），英国科学家、发明家。

［22］库克爵士（1806—1879），英国发明家、电报的发明人之一，世界上第一家民用电报公司的创建者之一。
［23］克里斯蒂（1784—1865），英国科学家、数学家。
［24］阿歇特（1769—1834），法国数学家。
［25］巴贝奇（1791—1871），英国博学家。他集数学家、哲学家、发明家和机械工程师于一身，最早提出可程序设计计算机这个概念。
［26］法齐尼（1787—1837），意大利自然哲学家。
［27］梅洛尼（1798—1854），意大利物理学家。
［28］福布斯（1809—1868），苏格兰物理学家、冰川学家。
［29］莫尔（1785—1838），荷兰数学家、天文学家、物理学家。
［30］普拉托（1801—1883），比利时物理学家。他最早演示运动图像的错觉。
［31］萨默维尔（1780—1872），19 世纪著名苏格兰女性科学家。
［32］斯托尼（1826—1911），爱尔兰物理学家，"电子"一词的提出者。
［33］汤姆孙（1856—1940），英国物理学家、电子的发现者。
［34］雅可比（1801—1874），犹太裔德国物理学家、工程师，长期在俄国工作。
［35］谢菲尔德板，18 世纪用于器皿上的银铜合金薄层。
［36］皮克希（1808—1835），法国物理学家、早期交流发电机的制造者。
［37］伍里奇（1821—1850），英国发明家、工程师。
［38］富兰克林（1706—1790），美国著名博学家、美国开国元勋之一，其科学成就包括电的发现和理论研究。
［39］富勒（1757—1834），英国伦敦西南萨塞克斯一个村庄的乡绅。
［40］三一楼，伦敦港务总局大楼。
［41］道尔顿（1766—1844），英国化学家、原子理论的创建者。
［42］奥斯特瓦尔德（1853—1932），德国化学家、现代物理化学的奠基人之一。
［43］德拜（1884—1966），物理学家、物理化学家、1936 年诺贝尔化学奖获得者。
［44］英文原书有误。
［45］丹尼尔（1790—1845），英国化学家、物理学家。
［46］赫兹（1857—1894），德国物理学家。波的频率以他的名字赫兹命名。卡尔斯鲁厄是德国的一座城市。
［47］朗斯代尔（1903—1971），英国著名晶体学家，1945 年成为英国皇家学会最早的两位女性会员之一。克里希南（1898—1961），印度物理学家，拉曼散射的发现者之一。

[48] 汤普森（1851—1916），英国物理学家、电气工程师。

[49] 威廉斯（1927— ），美国康奈尔大学历史系科学史教授。

[50] 廷德尔（1820—1893），英国物理学家，1853 至 1887 年任皇家研究院物理学教授。

[51] 琼斯（1813—1873），英国医生、化学家，一种血液和尿液中球蛋白以他的名字命名——本斯·琼斯蛋白（Bence Jones Protein）。

[52] 卡鲁扎（1885—1954），德国数学家、物理学家，意图以五维时空来统一重力和电磁力的卡鲁扎-克莱因理论的创立者。

[53] 爱丁顿（1882—1944），英国天文物理学家、科学哲学家。恒星亮度的爱丁顿极限以他的名字命名。

[54] 萨拉姆（1926—1996），理论物理学家，1979 年成为第一位获得诺贝尔物理学奖的巴基斯坦人。温伯格（1933—2021），美国理论物理学家，和萨拉姆一同获诺贝尔物理学奖。

[55] 戴维斯（1946— ），英国物理学家，现任美国亚利桑那州立大学教授。

[56] 印度科学培养协会（Indian Association for the Cultivation of Science），印度政府科技部属下的一个自主研究所，成立于 1876 年。

[57] 圣保罗大教堂（St Paul's Cathedral），英国圣公会伦敦教区的主教座堂。

[58] 罗兰（1848—1901），美国物理学家，于 1899 年至 1901 年期间任美国物理学会的首任主席。

[59] 塞曼（1865—1943），荷兰物理学家，因发现塞曼效应获 1902 年诺贝尔物理学奖。

[60] 拉莫尔（1857—1942），英国物理学家、数学家。

[61] 洛伦兹（1853—1928），荷兰物理学家，因塞曼效应的发现和理论解释与塞曼一起获得 1902 年诺贝尔物理学奖。

[62] 洛奇（1851—1940），英国物理学家。

[63] 海耳（1868—1938），美国天文学家。

第 5 章

法拉第的文笔

法拉第对写作具有按捺不住的强烈欲望,并有着令人难忘的思想交流方式。凭借天赋,他著作等身。在他去世 100 多年后,这些文字作品依然持续地给科学史学家以触动,燃亮年轻人的心,在有抱负的年轻科学家以及成熟的科学家心里撞击出火花。除了他的 450 篇原始论文以外,他还撰写了早期的专著《化学操作法》(共 656 页)。在 1827 年至 1842 年间,这本书付印了 3 版。他出版了 4 卷本的自选集,并加了注释,而且有意不按文章发表的先后顺序进行排列。1859 年发表的《化学和物理的实验研究》(Experimental Researches in Chemistry and Physics,图 37)占有了 1 卷,其他 3 卷包括《电和磁的实验研究》(Experimental Researches in Electricity and Magnetism)的第 1、2、3 卷(1839—1855 年)。法拉第还有 2 本基于圣诞节讲座内容的专著:1860 年的《物质的各种力》(Various Forces of Matters)和 1861 年广受欢迎的讲座——《蜡烛的化学史》(Chemical History of a Candle)。

法拉第的科学研究手稿的时间跨度从 1820 年至 1862 年，在此期间他都在皇家研究院的实验室工作。（这些手稿记录现在依然收藏于研究院，并曾于 1932 年出版[1]。）法拉第日记中的主要看点不仅仅局限于其中所包含的大范围的主题和实验证明［经由法拉第自己提炼和深思熟虑后，这些内容已经发表在不同的期刊上，并完美地被收集在他的《实验研究》(*Experimental Researches*) 系列论文中。］，而且更在于他解决问题中所使用的方法（无论是思想性上，还是实际操作上）以及他处理过的令人眼花缭乱的各色各样的问题。他的文字表达也同样令人陶醉，做出如此杰出工作的人同时又能出色地将它们描述出来，这真是一件令人惊异的事情。法拉第浩繁的通信——现今有大约 200 封书信存世——以及他在讲课艺术方面的思想和建议（见后文）也辉映出他杰出的个性，并进一步折射出他的科学成就。

法拉第写作的魅力在于他详细记录了他的思想和工作的全部细节。他讲述成功的同时也告诉人们他的失败。这样，读者会禁不住相信：如果他自己进入一个实验室，也可能成为一名发现者，并被那些人类知识领域开拓者的卓越社交圈所接纳。阅读他的著作，能让人有一种奇特的感觉——强烈的即时印象、契诃夫（Anton Chekhov）[1]般的永恒不朽，夹杂其中的丰富的乐观主义情绪（甚至是兴高采烈的），以及自我控制和自我批评精神的交融。在公众的掌声过后不再渴望更多的赞誉，对其他人的工作没有嫉妒，从不偏离他自己制定的"工作，完成，发表"之实践准则。他的多才多艺、独创性、知性的活力以及持之以恒的精神令我们肃然起敬。作为一位自然哲学家，当他思索这个世界以及将它融合为一体的各种力和机制时，他还充满着对奇迹的直觉。

为了描述法拉第的写作天赋,在第 4 章和第 5 章中已引用了为数不多的几个摘录。但是,赢得我们心的并非仅仅是其写作风格,更是他论点的权威和精炼。这些特质使得他的原始论文中寥寥数笔的权威性引言部分,和详细叙述事实和实验信息的正文一样,熠熠生辉。法拉第写作的魔力部分源于他在激发人们敬佩之心的同时向他们传达信息。

让我们以他对讲课艺术的一般性建议开始吧[②]。根据法拉第的说法:

> 你的整个表现应该显示出对听众的尊重,而且在任何情况下你都不忘记自己正在他们面前。只要不给听众带来不便,任何意外岔子都不应该干扰你的镇静或者使你的表现产生变化。如果可能的话,你永远不应该转身背对他们,而是让他们有充足的理由相信你已经为他们获得快乐和教育尽职尽力了。
>
> 对于一个讲课者而言,最突出的职责,虽然也许并不是最重要的,是知识的精彩讲述。因为尽管对所有的哲学家来说,每一次讲演中科学和自然都有无比的魅力,然而我很抱歉地说,除非路上撒满了鲜花,普通人不可能和我们共处哪怕短短的 1 小时。

就讲课的连贯性问题,法拉第写道:

> 我必须承认,我一直都发现自己无法像有些人一样在持续做一件事情的时候分心来考虑另外一件事。因此,我不能一边着手给你写信,谈及有关恢复我们通信联系的最好方法;一边开展我

的常规性研究课题，并把各项工作安排得井井有条，最后同时圆满地完成我的书信和我的工作。

假如我的论点是无足轻重的，我总是发现自己会不得不在纸上写一个计划，每当想起它们的时候，用联想或者其他方式一部分一部分地填充。这样做之后，我就有了一系列大大小小的有顺序的提纲，依此来安排我的主题材料。

很遗憾，现在这个方法，尽管它对安排布局很有效，然而却让文章的各个部分的文体变得枯燥、死板。这是因为各部分像砖头一样拼凑起来，层层叠加，尽管它们结合得很好，然而它们看起来太过规则。如果可能的话，我希望可以熟悉一种新方法，用它我能以一种更加自然的、轻松的进程来完成我的写作。如果有可能，我会仿照一棵树从根部到树干，到枝干，到枝条，到树叶的生长过程。其中的每一步转变都有条不紊地进行。尽管其方式一直在变化，其效果却是精准的、确定的。

在措辞和做演讲方面，他给出下面的建议：

为了赢得听众的注意力（还有什么比缺少这个更加令人不愉快的呢？），有必要注意表达的方式。吐字不要太快太急躁，否则会令人不知所云。而是要缓慢地，从容地，以一种轻松的方式将思想传递出去，将这些清晰的和成熟的思想注入听众的脑海里。

讲课者应该想尽一切办法努力掌握语言表达的技巧，——力求清晰表达他的思想，语言通顺、协调，并同时简捷、易懂。断句应该平滑自然，不能太长或者长短不一。它们应该是完整的、富有表现力的，能够清楚地传递想要传递的整体思想。假如它们很长，或者含糊不清，或者不完整，便会对听众的思考造成一定程度的困难。而这又很快会使听众产生疲倦、漠然，甚至厌恶的心态。

为什么法拉第作为一个讲课人的声誉会如此广为人知，特别是为什么1851年7月30日美国报纸《得克萨斯纪念碑》提及"世界化学第一人"的流畅表达，其原因正是源于他紧紧抓住听众兴趣的策略：

> 讲课者应该使出浑身招数来完全掌握听众的思想，赢得他们的注意力，并让他们无法抗拒地加入到你的思路，直至课程结束。你应该在授课一开始就努力地提升他们的兴趣，并且通过一系列难以觉察的渐进方式，使听众在整个课程中不知不觉地始终保持这种兴趣的鲜活。在讲课的情况下，离题的中断或者插话是不应该发生的。不应该允许听众的思绪有任何从主题中游走出去的机会。
>
> 火焰应该在开始时就被点燃，而且保持不懈的华丽光彩直到结束。
>
> 因为这个原因，我非常不喜欢课间休息。在任何能够避免的场合都要想尽办法不让它发生。如果为了安排演示实验或者其他原因，不可避免地需要中断讲演，那么让那些实验处于进行状态，在空当中尽可能地调动听众的思路。但是如果有可能的话，依然应该避免中断。
>
> 插入题外话和漫无边际地聊侃多多少少会对讲课产生影响，

令其完全停顿或者耽误。因此，除非在非常特殊的情况下，这种情况应该永远不被允许。它们把听众拖离课程的主题，而你就有了将他们拉回来的麻烦（如果还可能拉回来的话）。

因为同样的理由（也就是说听众不应该感到疲倦），我不赞成过长的授课时间。对任何人来说一小时就足够了。超出这个时间不应该被允许[3]。

我们来看法拉第的原始论文。两段摘录印证他向读者介绍主题的有效方法[4]。第一段是1837年论文《论感应》（On Induction）的引言。

感应：一种相邻颗粒的作用

电的科学处于如此一种状态，——每一部分都需要实验研究，不仅仅是为了发现新的效应。眼下更加重要的是发展那些产生已知效应的方法，以及随之而来的对有关自然界最神奇和最通用的电源的基本原理进行更精准的确定。——对那些热衷于盘根问底又谨慎的哲学家来说，结合实验和类比，怀疑他们先入为主的概念，比起单纯理论更加尊重事实；不太仓促下结论，最重要的是在每一个阶段自觉地用推理和实验两种方法交叉质疑他们自己原本的观点。没有一个其他学科能为探索与发现提供如此精细和成熟的研究领域。在过去的30年中，电学的进展以最丰富的事实显示这样的事实：化学和磁学已陆续被承认了它们具有巨大影响力。也许每一种依赖于无机物质的力的效应，也许大多数与蔬菜和动物生命有关的效应，最终发现都是从属于此范畴。

以传统方式进行分类，电力可以划分为各种类型的相互作用。

有一种相互作用，我想没有其他的类型能比它更重要，甚至同等重要，那就是所谓的感应。在电的诸多现象中，它具有最普遍的影响，看起来在每一种电现象中都需要考虑到它。实际上，它具有最原始的、必不可少的、基础原理的特征。我想，对它的理解是那么重要，以至于如果没有对其本质的更加透彻的理解，我们就不可能在电学定律的研究上有更大的进展。不然，我们怎么期望能够领悟那些无疑受控于摩擦、化学方法、加热、磁的影响、蒸发，甚至在生命体的电激发行为的和谐，甚至统一呢？

20年以后，法拉第这样开始他的文章《论力的守恒》（On the Conversation of Forces）：

各种不同的情况促使我此刻提出有关力的守恒的思考。我并不设想关于它的真相我能说点什么；在崇高的科学领域里游历的高级知识分子的圈子里，它还没有露面。但是，我自己的研究历程和看法让我意识到：这一思考可能为那些锲而不舍的劳动者（我坚持将自己归属于这个群体）服务。这些人从事于用基本原理来做不同物理思想间的比较，不断地用实验和观察来支撑和帮助他们的理念，喜欢为自然知识的进步而工作，并努力沿着这种进步进入到未开发的领域。

没有任何问题要比询问"力是否可以被毁灭"更加接近所有物理知识的根基。现代严谨科学的进展已经越来越趋向于树立"力既不能被创造，也不能被毁灭"的信念，并且在实验研究中，对这个真理的认识日益彰显其价值。说真的，接受力是可以被摧毁或者可以整体消失，等同于接受物质也是可被毁灭的，因为我们认识物质仅仅是通过它的力。尽管最常被人提及的力只是力的多种形式之一，称为重力，我们验证重力的存在，并不是因为当考虑守恒原理时，重力在力的各种形式中具有某种特殊地位或者某种例外，而是我们所能感知到的事实便是：它简单地具有本质上的不能转换性及表现形式上的不变性。它给了我们一个一成不变的测试物质的方法，我们用它来辨认物质。

他早期对简捷地处理实际实验信息的掌握，在这段对由"氨和氯化物"的结合所形成的"白色粉状物质"的描述（1818年）中有所体现：

> 暴露在空气中，它会潮解，但不像石灰的氯化物那么快。投入水中，它溶解成强碱性溶液。加热，它释放出氨，而氯化物保持不变。放入氯气中它能自燃，并呈现淡黄色火焰。

他的乐观也贯穿于他的化学家职业生涯的早期，例如他在1820年有关碳的氯、碘化合物的论文的最后段落中这样写道：

> 迄今，我没有能够获得碳的碘化物，但是我打算在今年一个阳光明媚的季节继续这些实验，期望得到这个化合物。

他始终没有成功。

从法拉第大量的通信中，我们捕捉到他各种各样的心情。他有正义感，却又能控制愤慨的情绪。这在他1832年3月27日给《文献报》

主编的信中有所表现：

> 我亲爱的先生，
>
> 你能允许我恳请你花一点点时间注意你的杂志最近一期185页上的文章《电和磁》（Electricity & Magnetism）吗？在那里你记录了诺比利（Leopoldo Nobili）[2]的实验并谈论它们，好像它们独立于我的工作，好像根本不是在重复我的实验。但是，你如果看过诺比利的论文，你就会发现每一页上都有我的名字。文中的实验是他看过我寄到巴黎的信的复制件后才有的结果。他将那封信翻译成意大利文，然后插入其中。他尝试并成功用磁体得到了火花，那是因为在我的信中我说了我已经在特定的情况下获得了火花。诺比利至此有意暗示：实验和发现是他的功劳，而用"nuove correnti di Faraday"（意大利语：法拉第的新电流）来赞誉我。
>
> 要不是《文献报》的那篇文章，我不会注意到这件事情。文章说："法拉第的研究很快趋于相同的发现。"然而那些是我自己的实验，——消息首先传到巴黎，然后到意大利，现在被诺比利和安蒂诺里（Vincenzo Antinori）[3]重复做了。
>
> 也许这个错误源自那种情况，即《文集》的号码显示日期是1831年11月。但是，从那个日期并不能推导出这项工作完成后多久才发表，甚至印刷出来。诺比利发表在那里的文章，日期是1832年1月。
>
> 请原谅我因为这件事情打扰你了。但是，我从来没有像现在这项调查中那样表明我为自己工作的独立性而劳心过。而且我从来没有因为任何其他论文而感到更懊恼，——没有其他论文像这

篇那样引起各种各样的暗示，似乎我已经被超越了。

1834 年 3 月 1 日，法拉第向牛津的萨默维尔传达了亲切感谢：

亲爱的夫人，

　　我禁不住喜悦的心情来感谢你的好意，——寄来你的作品复件。我曾想先读完它，可是，因为持续不断的事务缠身令我没有办法像我所期望的那样快地完成这件事。

　　对于你对我最近的《实验研究》的赞同，我也止不住要说出我所感受到的欣慰。对我来说，一个行家的赞同要比成百上千外行人的掌声更加使我受到激励。

还有那年晚些时候写给剑桥休厄尔（见 44 页）的信；

我亲爱的先生，

　　我理应在此之前就写信以感谢你对我向你请教的名称问题给予的巨大帮助。不过，我本来是希望上周六能在肯辛顿见到你，所以延误了我表达诚意。

　　我已经接受你的建议。所采用的名称是阳极、阴极、阴离子、阳离子和离子。最后那个我也将会采用，但是用到的机会可能不会很多。我曾经在这里对它们抱有一些很强烈的异议，却发现自己处于两者都想讨好却又左右为难的境况。但是，当我举起你权威的盾牌，眼见着反对的声调渐渐地消失了，这有多么美妙！

新的词汇带给我的表达技巧令我相当地高兴，而我将会因你给予我的慷慨相助永远欠你的情。

他的自律以及谢拒社交邀请的风格在他给建造伦敦桥的工程师伦尼爵士（Sir John Rennie）（1794—1874）的回信中有所体现：

我亲爱的先生，

我非常感激你的盛情邀请，但是又不得不谢拒它。因为我不能够违背我通常的规矩以免得罪许多好朋友。我从来不外出吃饭，除非是和我们的主席萨塞克斯公爵或者萨默塞特公爵，——我把他们的邀请看作是命令。考虑到这样的情况，我希望你会接受我的谢意，即便我不能接受你的恩惠。

虽然有着看似无休止科学工作的生活方式以及宗教方面的承诺，法拉第善于培养深厚友谊并感到知足。这一点在 1852 年 10 月 16 日写给日内瓦德拉里夫（Auguste de la Rive）教授的一封信中得以体现，——那一年，法拉第 60 岁了。（他首次见到该教授时还是一个年轻人，正陪同戴维完成那次重要的欧洲之旅。）其中也多多少少流露了当时他有一些健康上的困扰。

我亲爱的德拉里夫，

日复一日，周复一周，我拖延给你写信，仅仅是因为我感到精神不佳，并不是因为我的冷漠或者粗心。我好像变得迟钝了，这是精神恍惚降临到我身上的一种非常自然的结果，一个不可避免的记忆逐渐衰退的结果。我经常很好奇地想：不同的个人有不同的原因（自然的），他们各自如何走完在这个世界上的人生道路呢？一些人的头脑变得越来越聪明，然而生理功能却衰退了，就像在我们的朋友阿拉戈身上发生的那样。我最近听他一个侄子说起他，说是同一天见到他躺在床上，但却又出现在科学院，这正是他不屈不挠精神的表现。其他一些人精神首先衰退，而身体保持强壮；还有一些人两方面一起衰退；还有的人某些功能部分衰退，或者精神部分衰退。重要的是，他们直到衰退来临才会意识到。在我们的人生旅途中，我们也许辨认了大量这样和那样的自然事物，饶有兴致地观察我们各自的境况对各方人士的影响，以及这些境况以什么样的方式来影响他们的幸福。说起来很有点老生常谈，对于我来说，内心的满足就是对于那些种种健康的自然衰退的最好补偿了。然而这是我本人不自觉的、随意的欲望以及我从别人身上看到的情况所给予我的一种认识，它常常在我脑海里回荡。天赋不复存在了，哪怕是最高级的；对我们曾经拥有过的事业所怀有的感恩记忆也消失了；让我们知足吧，让我们在那些我们一直很在意的东西被拿走以后依然知足吧。

我很纳闷为什么给你写这一切。相信我，这仅仅是因为你在不同的时间给我留下的一些印象令我敬重你这样一位深思熟虑的人，一个真正的朋友——我常常不得不在自我反省的过程中，从记忆里翻出这些东西。它们总会令我更高兴些。一点儿都不要以为我会不高兴。我偶尔精神上会有点呆滞，但是不会不高兴。有一种希望，对这种情况给予充足富余的补偿。因为这种希望并不依赖于我们自己，我壮着胆子庆幸我或许拥有它……

法拉第的写作风格、科学内容、哲学的并富有诗意的冥想的最好融合，可见于他发表在《皇家研究院进展》上的周五之夜讲演总结中。有关讲演《论磁的特性与氧和氮之间的关系》（On the Magnetic Characters and Relations of Oxygen and Nitrogen）的那一篇文章尤为引人注目。它也让我们回忆起法拉第在选择和完善他的演示实验时所投入的巨大精力，以及在他的一些最有说服力的公众实验中表现出来的理想的表演技艺。

周五之夜讲演会，1851 年 1 月 24 日

副主席默奇森（Rhoderick Impey Murchison）爵士[4]主持

法拉第教授

论磁的特性与氧和氮之间的关系

1848 年 4 月 14 日，在一堂"论火焰和气体的抗磁性条件"的周五之夜演讲中，法拉第先生请听众注意氧气在和磁体发生关系时的奇异状态。然后他演示了这种气体是带磁性的，其依据是看到氧气携带一团氯化铵（它本身是抗磁性的）移向磁体的两极，似乎围绕磁极在漩涡中旋转。一篇更详尽的相同主题论文已于早些时候，1847 年 12 月，发表在《哲学杂志》上。

去年，亨利·贝克勒尔（Antoine Henri Becquerel）在不知道这些研究的情况下重新发现了氧的高磁性特征，做了一些独立的探索，从中获取了大量的结果。法拉第没有理会这些情况的干扰，而是力求确认他自己的工作。

氧是最显著的已知物质之一，它占了所有物质总体组成的一半。它的磁性质也同样重要，虽然看起来它没有能力像钢材或者

天然磁石那样获得永久磁性。通过一系列初级实验，听众被引导着去区别这些磁性物体和软铁、镍、钴等物体，后者除非在极强的磁性影响下，否则不具有吸引力。属于后面一种类型物质的氧，即使当它具有吸引能力时，也尚不能确定是否是因为处于永久磁性的确切状态下才衍生出那种性质。

如果氧具有和铁一样强度的高磁性，那么在那种情况下，巨大的磁力可能在燃烧、呼吸等过程中一直处于变化中，会引起自然界极其严重的扰乱。由世上万物的稳定现状可以判断，给定体积的氧的磁场力相对来说应该是很小的。听众因此被告知不要期待会看到美妙的磁性的直接演示。但是，存在于氧和空气中的那种力的程度已经由下述的实验证明了：

制备一个双圆锥体铁（两个相同或相似圆锥体的顶尖相交于一点），当将其放置在皇家研究院所拥有的大型电磁铁两极之间时，合适的长度令其正好接通磁场回路⑤。法拉第先生引导听众关注这个沙漏型部件，用这样的装置来演示巨大的力是如何在那个地方产生的，并且不可能让任何部分发生变化。从一个充满氧气的气囊经一根一端拉得很细的玻璃管尖端吹出非常小的肥皂泡。当时观察到的现象是，这样的气泡会被强制性地向内拖至两个圆锥体的顶尖部，而在气泡充入氮气的情况下则没有这样的效应发生。还有另外一个实验演示了相同的事实，并由此阐明测量氧的磁性力的差分模式。这个实验可以令整个演讲厅的人都看清楚：一根细铁丝被10根蚕茧丝系在它的重心部位悬挂起来，使其精巧地保持平衡。在细丝一头的小横杆两末端挂上一些小玻璃泡，总体进行调整使得玻璃泡悬挂在先前所描述的磁铁顶端的两边，每一个玻璃泡都挂在顶端附近，但是不接触到磁铁，而且和磁铁顶端等距离。因此，任何对玻璃泡或者其中的填充物的不同磁性影响会反映在受影响的玻璃泡的向里移动上。为了使这样的运动能够被轻易地观察到，将以上描述过的铁丝平衡杆的另一臂改成一条长的指示杆。出于减轻杆的重量的考虑，指示杆是用秸秆做的。为了吸引眼球，在长臂的末端接上一条丝线。指示杆被放置在两英尺直径的玻璃球中，从而实现对屋子里的电流屏蔽。通过指示杆的运动可以看到：如果一个气泡中完全充满或者部分充满氧气，而另一个气泡灌入氮气，那么那个氮气泡，不管其密度是高或低，对磁体完全没有反应，而那个氧气泡的磁性与气泡中的气体密度成正比。使得氧气泡（一个大气压强）开始向磁体运动所需要的力是每1/3立方英寸的氧1/10喱[5]。

随后被提及的是在这里参与作用被消耗的力的一定特殊性：它不是向心力，而是轴向力。

从这个实验得到的推论，——并得到利用含空气的气泡所做的其他实验的支持，可这样进行描述：当氧气以一定的比例进入空气，并且当氧的磁性力直接随它的密度变化，那么不同状态的空气具有的磁性力一定会发生变化。

法拉第先生顺着这个思路询问：在氧氮混合气体中的氧和氮的分离是否可能发生，就像当一个磁体放到铁屑和沙子的混合体边上时的情况一样。为了检验这个想法，他使用了一根一端被拉得很细、尖的玻璃管（就像用于吹精美肥皂泡的设备），令其灌满水，其尖端对着圆锥体顶端（经常被描述成磁场力的中心）某一点位置。将水缓慢地抽出时，空气就可能从任何一个所要求的位置被吸进管子以供检验。这个实验完成后却发现，即使应用了最强的磁性作用，磁性氧和非磁性氮的比例并未受到干扰。——下一个实验证明了磁场力并不能使氧产生富集，换言之，氧不会像铁屑和沙子混合体那样在磁场影响下发生聚合现象。用一块 1/60 英寸厚，中间有小孔的铜板把一组平面的磁极隔开。当整个材料被夹紧后会形成一个空腔。利用和这个空腔连通的压力表发现，不管多么大的磁力作用在氧气上，都没有观察到凝聚的迹象。

随后，加热导致磁力的消失现象受到了关注。这个现象首先呈现在铁被烧红的情况下。然后在镍加热到油的沸点时。最后，在空气中（即针对空气中的氧气）也发现了这种现象。相应的实验如下：用两个稍稍分开的圆锥形磁极，一张纸放置于其上方，纸上有一块磷，磁铁下有一根铂螺旋线，铂螺旋线由一个小格罗夫电池⑥加热至发红。这个电池与激发电磁体所用的电池无关。加热的空气从螺旋线向上升，很快点燃上面的磷块，此时电磁体没有被激发。但是，如果电磁体被激活，加热空气中磁性减弱的氧气被较冷的氧气流（更具磁性）所置换。结果，磷保持原状而不受其下面发热物体的影响，直至电磁体的电流被切断。此时，比重的自然定律重新发生作用，热空气上升，磷被点燃。

在最后的总结中，法拉第先生公布了他的一个意向：在将来的某一个晚上，将会讲到如何从这些和其他一些实验中推演出合理的结论，并把这些结果运用到地球表面的磁力线的变化上。他的目的是：通过将这种磁力的变化和因地球的年度公转所导致的温度变化、大气的压力变化等等相比较，期望能够为引起地球磁场力全年的、昼夜的和许许多多的不规则变化的原因提供一个真实的理论。

有关这些结果更多、更大范围描述的论文，见《哲学杂志》，1847年，31卷，第401页和1851年度的《哲学学报》，第1页。

上述讲演会的主持人默奇森是著名的苏格兰地质学家。他在30岁出头时放弃了猎狐运动，转而投身于地质科学。在苏格兰的塞奇威克（Adam Sedgwick）[6]和赖尔（Charles Lyell）[7]身边做了一些地质工作后，默奇森将自己的注意力转移到老红砂岩下面的"杂砂岩"[8]上。他在南威尔士和威尔士边境的一流工作致使他在1839年发表了不朽的巨著《志留系》(*The Silurian System*，其名 Silurian 源于威尔士地区一个古老部族 Silures。)默奇森在1855年成为地质调查局（Geological Survey）[9]的总干事。他是英国科学协会（British Association）[10]的创始人之一，并在1846年成为该协会的会长。1860年，他和法拉第报告了国会大厦的外部石墙的保护过程。正如他访问威尔士和瑞士时的日记可以证明的那样，法拉第从观察自然现象中得到极大的乐趣。当从生理和心理衰竭中恢复过来时，他在1841年6月写给《哲学杂志》的主编如下的信函：

论闪电的一些假定形状

上个月的27日傍晚，我们这里的闪电绚丽夺目。展现在伦敦人群面前的奇特景象留给他们深刻的印象。所有这些促使我麻烦你收下这篇简短的通讯。文中涉及闪电的某些假设的图像和形式，对此即使是好的观察者也常常会做出错误的判断。

当时，宁静的天空，或者说不太阴沉的天空持续了一段时间。之后，雷雨云在远处形成了。观察者看到云和闪电的光芒在面前形成灿烂的图像——常见的分叉状闪电（也就是说，是实实在在的闪光而不是光的反射）以最美丽的方式穿过云层。这就是那天傍晚，伦敦的人们9点钟左右观察西方暴风雨时，在20英里或更远的距离处云层里的情况。我也经常从南面海岸看到海面上出现同样的效果。许多情况下，人们以为的放电仅仅是被照亮的云的边缘而已，真正的放电发生在云朵边缘以外和后面其他的地方。本质上它就像处在太阳和观察者之间的一朵轮廓分明的乌云常常出现的被照明的光亮边缘。甚至月亮也常会出现相似的模样。当这种效果由闪电和远距离云朵产生时，和天空相比光线和原来的云朵状态是如此光亮。它的出现如此突然和短暂，如此轮廓分明，这样的形态自然让每一个人在一开始的瞬间就以为出现的就是闪电本身。

但是，这个依赖于云的形状，由光线构成的图案变化多端，已经导致许多关于闪电形状的错误认识。情况常常是这样的：当观察者以为看到闪电从一块云朵投射到另一块云朵时，实际上他看到的仅仅是光亮的边缘。在另外的场合，当人们确信看到它升起来时，其实只不过是因为这条光线的上部比下部更加明亮的缘故。一些作者描述了弯曲的闪电闪光，——电的流动体已经从云朵分开，斜着穿入到海里，然后又向上转弯回到云朵里。这种效应我也偶尔看到，然而每次都发现它只不过是云朵的光亮边缘而已。

我看到过这样的情况，闪光在行进中出现分裂，一条流线分离成两条。当从远处看到闪光呈现罕见的状态时，十分重要的是，观察者应该明白这非常可能缘于骗人的假象。

我还和其他人一样，常常看到一条明显能感觉到持续时间的闪光，好像它是一条瞬间的流体，而不是电火花呈现出的突然的、短暂的闪光。这种持续时间就连惠斯通也不予认同。我把它归咎于2个或3个闪光非常突然地在同一个地方或几乎是同一个地方连续发生，照亮一块云朵的同一个边缘。

我所描述的这种效应常常能够很容易追溯到它的根源。当这样做时，最好思想上有准备去认识可能导致和已经导致的在闪电闪光的特征、形状和状态方面的错误。在海边经常发生这样的情况：晴朗的白天过去了，傍晚来临。远远的地平线上云彩在海上聚集。闪电会在它们的附近或者它们之间，以小至二三秒钟的间隔重复闪光。如此这般持续一个小时或者更长时间。在这种情况下，观察者会以为看到了闪光的闪电。但是，如果他等待下一个光亮或者再下一个发生时，他将会感觉到闪光第二次是以同样的形状出现在同一个地方。也许它会向左边或者右边移动一个很短的距离，然而总是和先前具有相同的形状。有时候，一个明显有着相同形状的闪光会连续发生3～4次。有时候一个特定形状的闪光在一个特定的地方出现，另外的闪光在其他地方出现，然后第一个又重新出现在原来的地方，甚至其他的也重复出现在它们原来的位置。现在所有这些情况都简单地表明，我们看到的只是云朵被照亮的边缘，而不是真正的雷电的闪光。这些形状经常存在于云朵中，然而只有当闪电发生时才可辨认。但是，很容易理解为什么它们当时会形成，因为那是远方的一大块平淡无奇的云朵，我们辨别它的外形仅仅依靠其主要轮廓；而它常包含许多小的、很有形态的云团，因为当闪电在它们之间或者它们后面发生时，在我们尚未察觉前就呈现出形状和线条。

我前面提及的明显的持续时间仅仅是非常快的闪电的重复行为。一个仔细的观察者可能很容易地将它和我现在已经提出的观点联系起来，作为这种现象本质的最好检验。

还有其他一些状况能用来帮助辨别这种我已经很努力地描述了的雷电闪光的真实情况。譬如，闪光的明显厚度，它的亮度等等。但是，关于注意要点，我想我已经说得够多了。关于这些现象的特征，考虑到哲学家多少次依赖于马虎观察者的报告，这些人的思想倾向是宁愿让人吃惊也不愿意把那些看起来异乎寻常的事情简单化，我希望我没有说得太多。

毫无疑问，上面段落中体现出来的法拉第表达上的巧妙促成了他的天才。

作者注

① 《法拉第日记（1820—1862）》[*Faraday's Diary（1820-1862）*]，第 1 卷至第 7 卷。马丁（Ed. T. Martin）编辑，威廉·布拉格（William H. Bragg）作序，G. Bell and Sons 出版社，1932。似乎有天意地，法拉第在 1831 年 8 月 29 日才开始给日记的段落编数字，这一天正是他发现电磁感应的日子。自那日始至 1862 年 3 月 12 日他记的最后一篇日记，共约有 17 000 段。

② 皇家研究院已经出版了几种有关这个主题的小册子。其中一种是法拉第的《对讲课人的建议》（*Advice to a lecturer*），由已故的帕尔（Geoffrey Parr）编辑成册。另一种用了相同的题目，是波特（George Porter）爵士和弗雷迪（James Friday）收集法拉第和劳伦斯·布拉格（Lawrence Bragg）的文章而成的文集。麦凯布（I.M. McCabe）和托马斯（J.M. Thomas）在《劳伦斯·布拉格的遗产》（The Legacy of Lawrence Bragg）一文（发表于《化学

教育》杂志）中曾评论并引用劳伦斯·布拉格的讲课艺术。

③ 皇家研究院的周五之夜讲演会讲演时间为严格的一小时。

④ 参见 58 页，他的有关法拉第效应论文的引言部分。

⑤ 见图 32。

⑥ 一种比传统的电堆功率更强的伏打电源（见 128 页和图 48）。

译者注

［1］ 契诃夫（1860—1904），俄国医生、小说家、戏剧家、批判现实主义作家、短篇小说艺术大师。"简洁是天才的姊妹"是他流芳百世的名言。

［2］ 诺比利（1784—1835），意大利物理学家，曾发明多种对热力学和电化学至关重要的仪器，比如电流计。

［3］ 安蒂诺里（1792—1865），意大利科学管理人员，曾任佛罗伦萨物理和自然史博物馆馆长，并在那里和诺比利一起做过电磁感应的工作。

［4］ 默奇森（1792—1871），苏格兰地质学家。

［5］ 喱是重量单位，等于 0.065 克。

［6］ 塞奇威克（1785—1873），现代地质学的创始人之一。

［7］ 赖尔爵士（1797—1875），英国律师，著名地质学家。

［8］ 老红砂岩，英国的一个岩石地层。

［9］ 地质调查局，英国地质调查局是全球最老的国家地质勘测机构，成立于 1835 年。它是英国地球科学信息和专业技术的主要中心。

［10］英国科学协会，全称为英国促进科学协会（British Association for the Advancement of Science），创建于 1831 年。

第 6 章

法拉第其人

对法拉第的生活进行分析,许多很有趣的佯谬之处会显露出来。尽管是一个公众人物,为维多利亚时代所有社会名流和大多数普通民众所知晓,他一辈子都保持着孤僻的个性,对社交上的企望,财富的追求或者诱惑都一概没有兴趣。他拥有着众多的荣誉花环:荣获许多大学授予的荣誉学位和入选世界上所有主要科学院(附录2)。在他撰写的专著题目页上,他的名字后面骄傲地罗列着这些荣誉(图37)。尽管如此,他躲避公众,并交待他的墓碑上应该简单地呈现:迈克尔·法拉第。尽管他经常光顾在富裕的慈善家伯德特-库茨男爵夫人(Angela Burdett-Coutts)[①]的沙龙里临时召集的社交晚会,他和男爵夫人有相当融洽的关系;或者在大马尔堡街混迹于艺术家和音乐家中间(包括画家特纳),然而在自己家里的私人空间,有妻子、侄女和兄弟的陪伴,他感到更加幸福。他保持着宗教信念,这使生活安详而平静。他并没有因为科学和宗教信仰的明显抵触而忧虑。他可能会斥责唯灵论者信仰上的幼稚（见111—113页），而同时又和他的桑德曼教友们一样接受圣经字面上的真理。为坚定不移地追求讲课者的完美，致力于实现阿尔伯马尔街皇家研究院的最高水平，他泰然地接受他的教友们在奥尔德斯盖特街旁的保罗胡同的教堂里②对原始神学的宣讲。

他的继任者廷德尔披露了很多与法拉第有关的故事③：

> 关于法拉第的温和、甜美和柔情，我们已经听到很多。这些都是真实的，但却是很不全面的。你无法将一个强大的个性解析成这些元素，——那样法拉第的特质可能不会像真实情况那样受到那么高的钦佩，它可能不会含有力量和倾向。这些特质无论如何不能用柔软的形容词"温和的"和"柔情的"来形容。在他的甜美和温和下面是一座火山般的炙热。本质上，他是一个容易激动、有火热心肠的人。但是，通过他的高度自律，他已经将火转换成最有价值的光亮和生活的原动力，而不是让它在无用的激情中白白地消耗掉。"一个不易动怒的人"，圣人说过，"要比威武之士更好；一个能掌控自己精神的人要比夺得一个城池的人更强大。"法拉第并非不易动怒的人，但是他能够完全控制自己的精神。因此，尽管没有夺得城池，他却征服了所有人的心。

廷德尔提出了这样一个问题：

> 如果通过他的能力淡化和降伏那团火和那种兴奋，以便使他自己能够像小孩子那样写作，是不是更令人钦佩呢？我曾经冒昧地指责他给圣保罗教堂主持牧师的信的结尾。他签名时用了"你

的,谦卑地"。我不认同这个副词。"哦,但是,廷德尔"他说,"我是谦卑的,但是如果以为我同时不是骄傲的,那是大错特错了。"这种双重性贯穿了他的个性。他蔑视一切不公正地限制他思想自由的权威而表现为一个民主主义者,但是依然弯腰对所有值得尊敬的人表示尊敬,——对世界的习俗和对人的个性表示尊重。

他的认真和好学的性格在他的笔记本、通信、发表的论文,以及公众询问和遴选委员会的佐证等披露的丰富信息中很大程度地得以体现。但是,他也能够通过各种各样简单的方式来自得其乐。他丰富的想象力常涉及科学以外的事情。他曾经描述还是一个年轻学徒时的自己是"一个非常活泼而富有想象力的人","能够像相信《百科全书》那样轻易地相信《一千零一夜》。但是事实对我来说是重要的。我能信赖事实。"

自然界的美丽,特别是德文郡的山丘、南威尔士的山谷、所有的阿尔卑斯山的风景和布莱顿或者怀特岛的海景,都会令他心醉神迷。在注视着瀑布、彩虹或者闪电时,他的反应常常是华兹华斯式的,尽管从来没有在诗歌中表达过。音乐和剧院吸引着他。手工艺也是如此。在宁静的傍晚,他也许会用心将他的姓名牌(图40)装在家具上④,或者将一些有趣的信件、剪报粘贴在大收藏册里(图41),并加上版画和雕花图作为说明。

图40 法拉第喜欢将自己的铜质姓名牌装在他的家具上
许多这样的姓名牌现在仍然在皇家研究院被使用着。

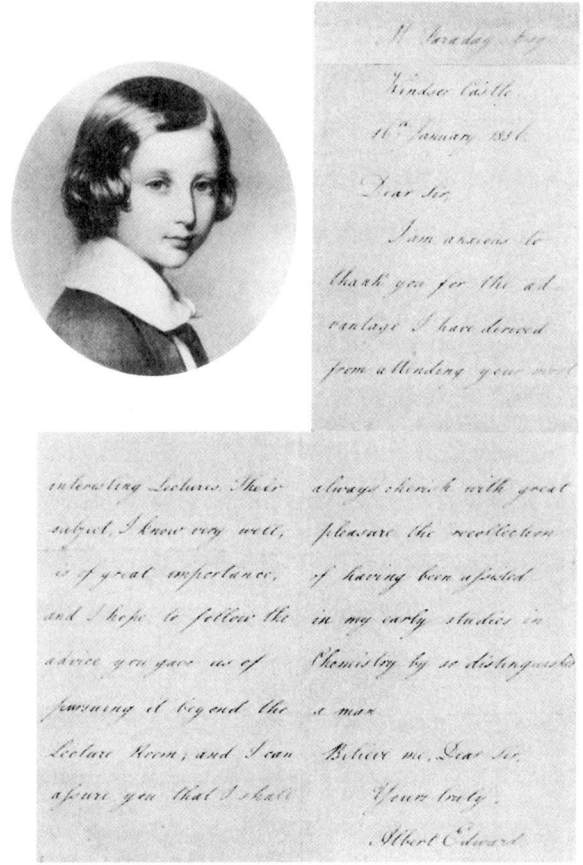

图 41　法拉第的肖像和通信收藏册中连续页面内容中一个典型的例子

1855—1856 年法拉第做圣诞节讲座时，年轻的爱德华·阿尔伯特王子（插图）在场，坐在阿尔伯特亲王殿下（维多利亚女王的配偶）左边。王子在温莎堡写了这封感谢信。

法拉第夫妇没有子女，但是他们有着幸福美满的婚姻生活。妻子巴纳德从来不曾分享到让法拉第狂热的科学兴趣。她说她很高兴做"他精神上的枕头"。年轻人的陪伴，特别是他的外甥女简（Jane）和康斯坦丝（Constance）的陪伴（她们和法拉第夫妇在皇家研究院同住了几年。）对他来说意义不小。偶尔，一大家子人在泰晤士河划船野餐。托马斯的

《法拉第在威尔士》(*Faraday in Wales*)一书中提到一件发生在尼思山谷令人愉快的事件。当时法拉第在和一位10岁的女孩子对话。他为自己竟然能够听懂她的话而感到震惊,欣赏她全部的动人魅力,尽管她说的是一口外语。他的外甥女回忆,当她到实验室访问他时,他会把一块钾扔进水槽里,让她看着它在水面上穿来穿去。她还告诉说,在孩子们的聚会上,法拉第在走道里骑脚踏车一直转到讲演堂后面!他偶尔会以骑脚踏车进行运动锻炼⑤,一直骑到汉普斯特德(Hampstead)[1]。孩子们的相伴给他的生活添加了额外的"谐振"。也许一点都不值得惊讶,对某一些人来说,孩童般的天真和感知会融入他的智慧中。

关于在法拉第生活中宗教扮演的角色已经有人写了很多了⑥。关于他所持有,并以为是重要的特别宗教信条的一些见识可见于法拉第经常阅读的《圣经》中大量的标注、札记,以及相关的笔记和勘正。他着重标示《提摩太书》6:10中的"爱财是万恶之根"和《约伯记》中的呼声"如果我为自己辩解,我的话将问罪我自己;如果我说我是完美无缺的,这也正证明我的悖谬。"但是,他一辈子清廉地坚守着的很多道德原则都是那种呼吁所有不同年龄的人心地善良、信仰宗教或做其他善事。谁会对如下明智的表述有争议呢?

> 一个哲学家应该是那样一种人,他愿意倾听每个人的意见,但是坚持自己来做判断。他不应该因表象而产生偏见,应提出无偏倚的假说,不属于某个派系,在学说上没有教主。他不应该是一个以社会地位取人的人,而是重视事物本身。真理应该是他的首要追求目标。如果他在这些品质上加以努力,他将会真正有希望走进大自然的殿堂。

对于自然力和相关现象的相互联系及统一的深刻信念，即一种贯穿他所有科学探索活动的强有力推进剂，一颗指引方向的北斗星，是他从小就具备的信仰。19世纪初大多数信教的人都相信世界有一个潜在的统一性。"上帝塑造了世界；这是一个整体，所以每一件东西应该毫无疑义地相互联系在一起。"这个关于世界归于统一的观点也被许多不信教的古代人和更多现代哲学家所信奉。在他1821年的历史调查中（见29页），法拉第对奥斯特在探究"关于化学、电的和磁的力的特性"方面的坚持不懈的努力投入了特别的注意力。甚至更早些时候，在1812年法拉第所记录的某一堂课中，戴维就暗示了一个未来的、更简单的学科将会衔接力学和化学。在1840年代的伦敦学术圈里，在寻找不同自然力之间的相关性方面，法拉第并不是孤独的。在阐述热力学第一定律方面做出过贡献的格罗夫（William Robert Grove）[2]（见126页）探索着这个主题，并于1842年在伦敦研究院一个大课程中进行了成功表述。格罗夫1847年在皇家研究院做的贝克讲座和其他一些发表的论文都基于这个主题。19世纪50年代及以后的工作很大程度上参考了格罗夫的专著《物理力的相关性》（*Correlation of Physical Forces*）。在这本书最后一版（1884年）的前言中，格罗夫写道：

> 每个人当他孤芳自赏时只不过是一个糟糕的鉴定家而已，因此我在写作时缺乏自信。但是，如果我不表明我相信自己是把这个主题作为哲学的一个广义系统介绍给人们的第一人的话，并且许多年来一直将它加到我的讲课和论文中（其间这个观点遭遇到了对新奇思想通常会有的也是合理的反对声），多少会显得有些漠然了。事实上，我并没有这种感觉。

法拉第内心的信念引领他将自己绝大部分精力投入到两项主要的活动中：作为自然哲学家的角色追求永恒的真理以及为桑德曼教会朋友的小圈子以及更小范围的家庭成员服务。对于前者，他的目标不仅仅是证明，而且是解释。对于后者，他给予无私的奉献和无微不至的关爱。这些体现在他慈善工作的点点滴滴中。即便很辛苦，他也活的自得其乐。这种知足的天性在他给老朋友们的通信中有所披露——特别地，可参阅 92 页上给德拉里夫的一封信。这种知足的阐述，连同对其他科学家们的一般性建议，体现在他给廷德尔的信中（这封信与 1855 年 10 月 6 日英国科学协会的会议上一次尖锐争论有关。）：

亲爱的廷德尔，

这些很棒的会议，我以为总体来说开得都非常好，主要通过把科学界人士召集到一起，让他们相互认识、交朋友，来促进科学。我对这种成效不能于会议的每一角落呈现而感到遗憾。除了你告诉我的以外，我什么都不知道，因为我还没有看过会议的进展报告。但是，让我这样一个老人来说几句；到了这个岁数人们总归会从他的经历中受益良多。当我年轻的时候，我发觉我常常误解人们的意图，后来发现他们表达的并不是像当时我猜想的那层意思。我进而发现，作为一个普遍规则，最好对那些可能会被激怒的话语木然一点，反之对那些表示良好意愿的反应却要迅速。真实的真理终究会显现的。反对方，假如是错了，会很快被说服，如果他们能耐心地回应而不是强词夺理的话。我的全部意思是说，最好对派别之争视而不见，而对良好的意愿应该很快看到。一个人通过努力追逐能带来和平的事物，也能给自己营造更大的幸福感。你简直不能想象当我遭遇到反对的时候多少次在私下里已经被激怒了，因为我不公正地和傲慢地思考这些事件。然而，我努力地，我希望是成功地抑制了带有情绪的回应。我知道我从来没有在这一点上失落过。如果我不是把你当作真正的哲学家和朋友来敬重的话，我就不会对你说这些了。

法拉第几乎没有为拒绝高级荣誉，谢拒社交邀请，或者回避打扰而感到过内疚。恳请他出任皇家学会会长的游说团无疑是失望而归的。此后不久，他解释道：

> 廷德尔，我必须始终保持做一个简单朴实的迈克尔·法拉第。现在让我告诉你，如果我接受这项皇家学会希望授予我的荣誉，我将不能保证我才智的完整性，连一年都保证不了。

他早些时候谢绝了化学学会主席的位子。这个位子在他50岁那年刚刚设立。他几乎从来没有参加过该学会在附近伯灵顿楼的会议，不是因为他和学会的宗旨格格不入，而是因为他觉得不愿意冒失去更多时间的风险。而那些时间原本是他花在所热爱的实验室和家庭上的。由于有这样的倾向，那么惠斯通1838年10月4日写给他的朋友库克的信中有如下的说法就不足为怪了：

> 我今天早上去拜访法拉第，被告知这是他为了进行不受干扰的研究拒绝见任何人的日子之一。他明天将可以露面。

他在实验室工作时间很长,早上 9 点至晚上 11 点并非不常见。一直积极地帮助他的实验工作,和他合用实验室的唯一的一个人是前皇家炮兵的一位军士,叫查尔斯·安德森(Charles Anderson)。他被招聘来维护 1827 年为玻璃研究项目在皇家研究院装备起来的特别焙烧炉(见 69—70 页)[7]。他们两人一起工作几个小时都不会说一个字。一旦沉默被打破,也就仅仅持续几分钟。

为介入的当日事务给报社写信不是一种理想的举措,法拉第不经常这样做。他曾经写信要求关注泰晤士河的污染状态,这个行动促使《笨拙》[3]发表了如图 42 所示的卡通。法拉第在泰晤士河顺流而下,将一些硬纸板条插入水中直至看不到它的底边,然后记录下插入的深度和做试验的地方。另外一件事情发生在 1853 年,当时他收到大量的诉求和查询,涉及的似乎是桌子旋转现象。这件事情据说起因于 1848 年从纽约海德斯维尔开始的福克斯姐妹体验到的神灵活动[9]。这个活动很快扩散到美国

图 42 发表在 1855 年 7 月 21 日《笨拙,或伦敦喧声》(Punch, or The London Charivari)上的卡通

此前,法拉第写信给《泰晤士报》的主编,描述他是怎样测试泰晤士河的污染状态,并且恳求道:"毫无疑问这条流经伦敦达数英里的河不应该被允许成为发酵的下水道"[8]。

的其他地方，英国和欧洲大陆。神灵现象，包含桌子和椅子的倾斜和悬浮、在黑暗中移动物品等等，成了1853年于英格兰和法国发表的一些书的主题。相当快速地、没有批评地对神灵力量的接受很大程度地惊动了法拉第，因其揭示的是普遍智力水平的问题。

他的恼怒程度可以从如下他给舍恩拜因（Christian Friedrich Schönbein）[4]教授的信件摘抄中略见一二。后者是发现臭氧的德国裔瑞士科学家。1853年7月25日，他写道：

> 我除了在桌子旋转器上转动桌子以外已经完全没有做工作了。我真不应该这样做。但是，我想最好通过让所有的人立刻知道我有怎样的观点和思想是什么来阻止这股滚滚而来的洪水。多么软弱、轻信、可疑、难以置信、迷信、胆大妄为、吓人的东西。看看人们头脑里在想什么就知道我们这个世界是多么荒谬可笑。它是多么的不一致、矛盾、荒唐……

法拉第给《泰晤士报》的信"论桌子转动"以这样的句子结尾：

> 我想，这个能够让公众的思想处于这种状态的教育系统一定是在某些非常重要的原则方面已经严重缺失了。

在1854年5月于皇家研究院所做的著名讲演"精神教育"中（当时有亲王在场），他提出对公众的轻信和认识方面的总体状况的思考。

有几件科学趣闻聚焦在法拉第的生活和态度上。其中两件被广泛引述，虽然它们的真实性并非不容置疑[⑩]。不论这些轶事是不是真实的，它们传递着一个有趣的信息。它们在19世纪和20世纪以不同的形式出现在诸多作家笔下。当法拉第竭力向皮尔首相（Prime Minister Robert Peel），或者向财政大臣格拉德斯通（W.E. Gladstone）解释一项重要的科学新发现时，这些政治家所谓的评语是："但是，说到底，它有什么用呢？"于是，法拉第回答说："先生，有可能你会很快能向它征税。"如果法拉第真的用这些方式来反驳会是令人吃惊的；他似乎对自己的发明获取专利，或者致富的方法和税务，异乎寻常地没有兴趣。另外一个反驳故事常常被套在法拉第头上。故事中同样包括听到法拉第新的科学发现后的首相或者其他认真的询问者。问题是："它有何好处呢？"明智的回答是："一个新生的婴儿有何好处呢？"但是这个回答被认为是由富兰克林1783年在巴黎首次使用的。

对法拉第天才的分析

在梅雷迪斯（Owen Meredith）[5]的《一个敏感的二流诗人最后的话》（Last Words of a Sensitive Second-Rate Poet）中，我们读到："天才做必须要做的，能人做能够做到的。"这句话就像其他一些有关天才的定义一样完全适合于法拉第，例如，"一种解决问题的最高能力"[巴特勒（Samuel Butler）[6]]，或者"一种表现耐性的过人天资"[布丰伯爵（Comte de Buffon）[7]]。但是，这些论述都没有达到足够的深度。如果我们认为爱默生（Emerson）的评述相比道德哲学领域来说更适用于自然领域的话，也许他的定义在某种意义上更具深度："相信你自己的思想，相信你内心认为是真实的东西对于所有人来说也是真实的——这就是天才。"但是，当我们谈到法拉第时，这依然是不够的。

每一个一流的伟大人物都是独一无二的，而法拉第天赋的独特性是大量独一无二的主要品质结合的结果。这些品质包括：承受痛苦的无穷能力，永不休止的智力释放，坚不可摧的知识分子的真诚，再加上技术上的精湛技艺，包括操控的灵巧和制作新仪器时所表现出来的构建想象力以及所需的具有无与伦比的力量和敏感度的新技术。（和他前辈和同代人所拥有的仪器相比，他的扭力天平和库仑计更加灵敏，他的电磁体磁力更强，他的玻璃样品更重并具有更好的光学性质。）他正在探索的难题终究会有结论，他提出的问题终究会有清楚的答案，对这一点他永远充满信心。他有最高的天赋能选择哪些问题是真正重要的，也能准确地明白下一步应该做什么。无论是他的战略还是战术，都是无懈可击的。在所有这一切以外，他有惊人的身体耐力，无休止的好奇心，敏锐的直觉，对细节的完全掌控，以及从特殊问题到一般问题进行拓展的非凡才能；而对于他自己，则应用他特有的自我批判和自律。这便是为什么人们会看到甚至那些自以为是的实验科学家中的佼佼者也将法拉第奉为他们的楷模。卢瑟福1931年代表当时的所有科学家这样说：

我们越是从时间的角度来研究法拉第，他作为一名实验科学家和自然哲学家所具有的无与伦比的天才给我们留下的印象就越深。当我们衡量他宏伟和大量的发现，以及它们对科学和工业发展所产生的影响时，用任何一种荣誉来纪念迈克尔·法拉第都毫不为过——他是整个人类历史长河中最伟大的科学发现者之一。

很早以前，廷德尔在他的《发现者法拉第》（*Faraday as Discoverer*）一书中分析了那些令法拉第成为如此成功的科学家的工作质量：

他以完美的灵活性将浩大的力量整合在一起。……他的视野在任何一个方向上的专注都不会明显地减弱他对其他方向的感知能力。当他攻克一个课题并期望结果时，他有能力让自己的思路开放，于是意料之外的结果并不会因为期待中的答案先入为主而被他丢弃。

除了以上的所有分析，还有三个因素必须提及。第一，法拉第以令人难忘的方式写作和讲演。第二，几乎所有他进行的成功实验，他都会以在皇家研究院的演讲会上向公众演示的方式继续完善。意在让它们给人们留下不可磨灭的印象，对这一点他完美地成功了。最后，他有特别好的运气，有一个可以说名列自牛顿以来最伟大的少数几位物理学家之一的人作为他的翻译员。这个人便是麦克斯韦。麦克斯韦出生于1831年，在那一年法拉第完成了他一生最重大的发现（电磁感应）。麦克斯韦选择"法拉第的场力线"为题在1855年12月和1856年2月向剑桥哲学学会递交他的非凡论文。当时他是剑桥大学三一学院的教员，年仅24岁。通过那项不朽的工作[11]，数学的精准和定量的预测被引入到法拉第有关一般意义的场论和作为特例的电磁场的定性见解上。这个事件标志了一个新时代的降临。

作者注

① 伯德特-库茨男爵夫人，出生于银行家家庭。在法拉第的游说下加入皇家研究院。他们两个人在19世纪40年代都是孤儿院的赞助人。1856年5月29日，法拉第加入在男爵夫人家的房顶上的宾客中庆祝克里米亚战争的结束。有报道称［见希利（Edna Healey）的《不为人知的夫人》，伦敦Sigwick & Jackson出版社，1978，62］，当观看焰火时，法拉第天真活泼地大叫起来："镁出来了！那是钾！"

② 据一篇 1891 年 6 月 21 日发表在《仲裁者》的社论披露：

> 法拉第是我们教堂的长老之一。另外一个是屠夫，一个是煤气装配工，第四个，如果我记得不错的话，是一个亚麻布料商。我小的时候，常常听法拉第阅读圣经和阐述。我记得几位长老里面我最喜欢他，因为他不摇晃脑袋，不像其他一些人那样抱怨和颤抖。

③《大不列颠皇家研究院文集》Proc. of the Royal Inst. of G.B. V, 214（1868）。

④ 其中的一部分至今仍然在皇家研究院院长的三楼住所、办公室、公共场所等处被使用着。

⑤ 他的体力一直不错。作为三一楼的顾问，他被叫去走访不同的灯塔。70 岁时他还在公务旅途中冒着大雪和暴风雨，穿过田野和树篱，忍着其他的身体不适执勤。

⑥ 例如可读 1931 年 9 月 21 日《泰晤士报》上马里亚特（H. Marryat）的文章；以及《英国科学史学报》上康托尔（G.N. Cantor），B.J.H.S., 22, 433（1989）和《美国化学学会会议摘要》上：普拉特（H.T. Pratt），Amer. Chem. Soc. Meeting, Atlanta, April 1991 等文章。

⑦ 从 1830 年至 1833 年，法拉第自己掏腰包支付安德森的工资。此后至他约 20 年后去世，皇家研究院付给安德森助理员的薪水。

⑧ 法拉第 1855 年 7 月 7 日给《泰晤士报》主编的信是这样写的：

> 先生，——我今天 1 点半至 2 点钟乘蒸汽船穿行于伦敦和亨格福德的桥间水域。当时水位很低，我想一定快接近开始涨潮的转折点。水的外观和气味立刻迫使我注意，整条河是一条不透明的淡褐色的流体。为了测试不透明度，我撕了一些白纸板条，将它们濡湿，这样就比较容易浸到水面以下。然后在每一个蒸汽船经过的码头我把一些纸板条插入水中。它们沉下去离水面不到 1 英寸，就看不清楚了，尽管当时阳光明媚。当纸条沿船边插下去时，上半部分尚未到水里，下半部分已经看不到了。
>
> 这个情况发生在圣保罗码头、黑衣修士桥、圣殿码头、南华桥和亨格福德。我一点都不怀疑河的上游和下游也是同样的情况。在桥的附近，污物卷起来一堆一堆的团状物，是那么稠厚以至于即使在这种水中也可以在水面上看到。
>
> 气味非常的糟糕，整条河都是如此。就像马路上的下水道孔里冒出来

的东西一样。整条河现在是一条真正的下水道。刚刚从乡村的空气中回来，我可能比其他人的感受更强烈。但是，我不认为我能够继续航行到兰贝斯或切尔西。我庆幸地跑到街道上，如果不是接近下水道孔，我发现那里的空气比河上的要甜美得多。

我认为纪录这些事实是一种责任，它们可能会引起权威人士或者担负对我们的河有相关责任的人的注意。我用的词汇里面没有比喻，或任何夸张的意图。它们是简单的事实。如果有足够的权力，能把从邻近的一些简单民宅流出而形成的污水塘清除干净就好了。毫无疑问，这条流经伦敦，绵延数英里的河流不应该成为发酵的下水道。我所目睹的泰晤士河的状况也许可以认为是个例。但是，这理应是一种不应该出现的状况。然而，事实可能恰恰相反，我担心这正迅速成为一种普遍的状况。如果我们忽视这件事，我们不能指望可以逍遥法外。假如不久的将来，我们的疏忽造成蠢事，我们也不必感到惊讶。[8]

⑨ 见《科学月刊》Scientific Monthly, September, 1956, 145.
⑩ 见《自然》论文：C.J. Webb and I.B. Cohen, Nature, 157, 196（1946）；和 R.A. Gregory, Nature, 157, 305（1946）.
⑪ 见《剑桥哲学学会文集》Proc. Camb. Phil. Soc. X, Part I（1856）.

译者注

[1] 汉普斯特德，伦敦一个地区，位于皇家研究院北面大约 4 至 5 英里。
[2] 格罗夫（1811—1896），威尔士法官，物理学家，燃料电池的先驱者。
[3] 《笨拙，或伦敦喧声》，是英国资产阶级自由派的幽默周刊，简称《笨拙》，1841 年起在伦敦出版。
[4] 舍恩拜因（1799—1868），德国裔瑞士化学家，因发明燃料电池，发现枪棉（即硝化棉）和臭氧而闻名于世。
[5] 梅雷迪斯（1831—1891），英国诗人，英国外交官，英属印度总督布尔沃-利顿（Robert Bulwer-Lytton）伯爵的笔名，生前以写诗出名。
[6] 巴特勒（1835—1902），英国作家。
[7] 布丰伯爵（1707—1788），法国自然学家、数学家、宇宙学家。
[8] 图 42 中的文字是：法拉第将名片送给"泰晤士爸爸"。我们希望这个肮脏的家伙会向有学问的教授求教。

第 7 章

法拉第对皇家研究院的影响

1978年2月24日晚上9点钟，维也纳出生的杰出艺术史学家贡布里希（Ernst Hans Josef Gombrich）[1]爵士以下面的话开始了他"艺术的实验和经验"为题的讲课：

> 对我来说，一件令人愉快的喜好是去想象在这个世界上从来没有一个事件消失而不留下痕迹，甚至在一个特定的房间里说的话会持续地回荡，越来越微弱，当听得见的回音消退后很久也依然存在。如果这是真的，今天我们用一个超敏感的仪器可能仍然能够捕捉到将近142年前的一天，在这个特定的大厅里一个人说话的余音共振。在我的想象中，他带有苍劲的萨福克口音，和我的完全不同。"绘画是一门科学"——你会听到他的声音在说——"应该作为自然定律来研究。为什么？难道风景画不能被看作自然哲学的分支吗，而绘画被当作这个学科的实验？"在这

个地方所营造的特殊气氛中做如此呼吁的这个艺术家叫康斯特布尔。当时是1836年4月,他正在皇家研究院受邀讲授四节课的最后一节。相关的邀请信现在依然保存在院图书馆里。

贡布里希令人回味的导言提醒我们,几乎每一个在世的科学家都可以通过恰当地替换一些名词,以照抄上述段落的方式来开始他或她的周五之夜演讲;天文学家、植物学家、化学家、皮肤科医生,一直到动物学家都可以引述某一个晚上他们心目中的英雄或者他们学科的创始人和主角在皇家研究院的讲演。因为19世纪几乎每一个重要科学家,20世纪上半叶相当大一部分大科学家都在这里讲演过,并留下了经久不衰的印象。这个演说者的名单也扩展到艺术家、建筑师、探险家、律师、音乐家和国会议员。现如今讲演者受邀加盟一个当代风格的演讲节目系列,如果没有被吓着或者获得足够的启发,我们知道他们总是会对如何继承金光闪闪的前辈们源远流长的传统而苦思冥想。这些前辈包括:第一个瑞典诺贝尔奖获得者阿伦尼乌斯(Svante Arrhenius)[2],他在1911年进行"物理化学在免疫、抗原和抗体学说上的应用"讲演;当时的皇家天文学家和皇家学会会长艾里爵士(Sir George Biddell Airy)[3]于1851年描述了那年7月的全日食;奥斯汀(Alfred Austin)[4],一个科班出身的记者,从丁尼生(Alfred Tennyson)手中继承了桂冠诗人的称号,他1904年的演讲是关于"对高档诗日益增加的反感";评论家阿诺德(Matthew Arnold)[5]在1884年3月的讲演"爱默生"吸引了大量的听众(868人);还有先驱物理学家阿斯顿(Francis William Aston)[6],他在1921年演示他的质谱仪如何能漂亮地辨认气体元素的同位素,如氢和氖。数到字母B打头的姓名,我们注意到足智多谋的印度比较生理学家，玻色（Jagadish Chandra Bose）[7]，他于1914年谈及“植物-签名和它们的新陈代谢”；探险家贝克（Sir Samuel White Baker）[8]于1866年在大量自己采集的资料基础上讨论了“尼罗河的资源”①；遗传学家贝特森（William Bateson）[9]，他是约翰·英纳斯园艺研究所（John Innes Horticultural Institute）[10]首任所长，帮助挽回了几乎被遗忘了的孟德尔的开创性工作，他1916年的讲课题目是“孟德尔遗传学说15年”；贝克勒尔（Antoine Henri Becquerel）[11]在1902年用法语描述了他的放射性发现；苏格兰出生的美国发明家贝尔（Alexander Graham Bell）[12]在1878年做讲演，题目就是“说话”；喜欢在合唱团唱歌的英国物理学家，诺贝尔奖得主巴克拉（Charles Barkla）[13]在1916年讲X射线；更有威廉·布拉格爵士和劳伦斯·布拉格爵士[14]，他们两人在1911年至20世纪60年代后期留下了大约50场演讲的光彩夺目的报告单，内容涵盖晶体状态和其他许多方面的科学主题。

皇家研究院在两个世纪的英国科学和文化生活中扮演了历史性角色。这其中多于四分之一的时间中，她的成就和方针政策反映了法拉第的天赋。自研究院成立以来，她保持了独立性，没有接受政府的直接资助。她的

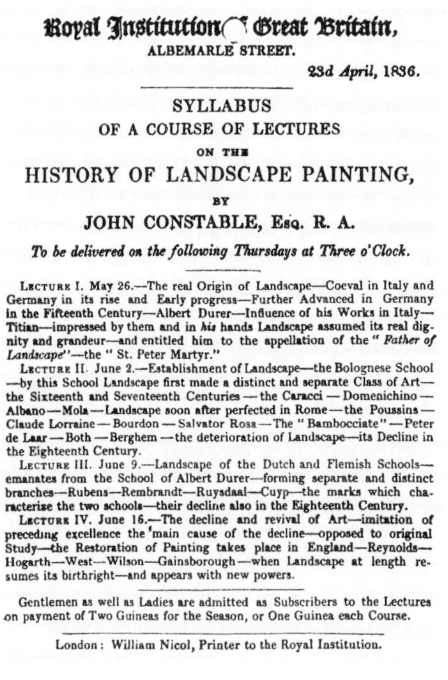

Royal Institution of Great Britain,
ALBEMARLE STREET.

23d April, 1836.

SYLLABUS
OF A COURSE OF LECTURES
ON THE
HISTORY OF LANDSCAPE PAINTING,
BY
JOHN CONSTABLE, Esq. R. A.

To be delivered on the following Thursdays at Three o'Clock.

LECTURE I. May 26.—The real Origin of Landscape—Coeval in Italy and Germany in its rise and Early progress—Further Advanced in Germany in the Fifteenth Century—Albert Durer—Influence of his Works in Italy—Titian—impressed by them and in *his* hands Landscape assumed its real dignity and grandeur—and entitled him to the appellation of the "*Father of Landscape*"—the "St. Peter Martyr."

LECTURE II. June 2.—Establishment of Landscape—the Bolognese School—by this School Landscape first made a distinct and separate Class of Art—the Sixteenth and Seventeenth Centuries—the Caracci—Domenichino—Albano—Mola—Landscape soon after perfected in Rome—the Poussins—Claude Lorraine—Bourdon—Salvator Rosa—The "Bambocciate"—Peter de Laar—Both—Berghem—the deterioration of Landscape—its Decline in the Eighteenth Century.

LECTURE III. June 9.—Landscape of the Dutch and Flemish Schools—emanates from the School of Albert Durer—forming separate and distinct branches—Rubens—Rembrandt—Ruysdaal—Cuyp—the marks which characterize the two schools—their decline also in the Eighteenth Century.

LECTURE IV. June 16.—The decline and revival of Art—imitation of preceding excellence the main cause of the decline—opposed to original Study—the Restoration of Painting takes place in England—Reynolds—Hogarth—West—Wilson—Gainsborough—when Landscape at length resumes its birthright—and appears with new powers.

Gentlemen as well as Ladies are admitted as Subscribers to the Lectures on payment of Two Guineas for the Season, or One Guinea each Course.

London: William Nicol, Printer to the Royal Institution.

图43　风景画家康斯特布尔1836年在皇家研究院讲课的目录

成功和独特的存在依赖于对科学知识的发现和传播有兴趣的院友和大量的私人组织给予那里的常驻科学家和职工的支持。她无可争议地是世界上最著名的科学"讲堂"。这很大程度上要感谢戴维（皇家研究院成立不久时的英明院长）的个性，特别是由法拉第开创和完善的并由他的杰出继承人和支持者忠实地保持下来的传统。

法拉第为听众带来的讲演主题之广泛可见于由他自己和受他邀请在周五之夜演讲会上做报告的人所涵盖的题目统计表（见附录1，3和4）。法拉第在他作为院长的最后27年间选择的主题（见附录4）远远超出了他自己的科学研究领域（比较附录1和3）。由出席人数来看，他作为演讲者的知名度达到了后无来者的程度。

法拉第自己为周五之夜演讲会定的基调和19世纪后半叶发展起来的、经得起时间考验的实践一直保持至今。9点钟之前几分钟，讲演者迅速从禁闭室被释放出来，不经通报地走进大讲堂。听众就像听歌剧那样穿着晚礼服。精准的1小时讲演以后，讲演者由院长带离讲堂。院友们和他们的宾客在美丽的图书馆边吃点心边随意交谈，也可以观看一系列特别的展览（围绕报告的主题）——就像图5显示的画面那样不分主宾。主宾同样地楚楚动人，其场景充满着历史内涵[2]。他们也可以观看法拉第的博物馆，那里陈列有他的仪器、样品、原始的笔记本和奖章，或者在其他陈列有大量雕塑和早期文物的房间走廊转悠。

如1832—1862年期间的演讲题目所显示的（见附录1，3和4），法拉第习惯于在每一个季节的演讲系列中覆盖很广的主题。法拉第自己揽下了许多主题，有时候亲近的合作者给予他建议和指导。这里值得一提的有他的朋友平版印刷家赫尔曼德尔（Charles Joseph Hullmandel）[15]和惠斯通。后者很怕难为情（见62页），宁愿由法拉第来代为阐述他的发现和发明，而不是由他自己来做讲演。法拉第也说服许多杰出的同时代人来讲课。例如，斯托克斯（George Gabriel Stokes，1819—1903），一个爱尔兰出生的剑桥自然哲学家、卢卡斯数学教授，在1853年2月做了历史上首次荧光现象的公众演示。这个现象是他本人首次发现的。稍后，天文摄影的先驱德拉鲁（Warren De La Rue，1815—1889）展示了他于1860年在西班牙日食考察期间获得的结果，证明了那个被称为"日珥"的红色火焰是来源于太阳而不是月球。法拉第自己和塔尔博特合作在讲演中完成了一次有关摄影最早期的公开演示。事实上，第一张有记录的电闪光照片就是那个晚上在研究院讲演堂里拍摄的。摄影术的创始人之一塔尔博特的部分工作是在皇家研究院完成的。1851年6月15日他写信给法拉第，信是这样结尾的：

> 如果之前代表物体真正瞬间的照片从来没有得到过的话（我猜想是没有），那么我很高兴这件事已经在皇家研究院完成了。

在皇家研究院，没有任何一个地方能像主演讲厅一样使会员们和访问者强烈地感受到人杰地灵的生命延续。研究院现在具有多种功能，包括大学、博物馆、研究中心、教室、图书馆、俱乐部、展览馆和广播中心等[③]。那里是法拉第举办过1 000次以上活动的场所，不计其数的优美高雅的实验示范的现场，以及由他和其他人做出令人难忘的科学解释的地方。用皇家研究院的演讲厅作为播音室的开创性例子发生在1987年1月26—27日的午夜。当时英国石油公司的研究经理卡多根（John Cadogan）教授（现在是爵士）通过卫星向澳大利亚和新西兰促进科学协会于新西兰的帕默斯顿举行的年会传送讲课实况。200 人受邀观看了他在皇家研究院的讲演,主题是"一个石油巨人研究的方方面面:从纯科学到盈利"。而在新西兰那边有 500 名观众[④]。

然而,促使随后的演讲者谦卑的不仅仅是法拉第在皇家研究院精彩讲课的知名度和高频次,也是因为法拉第在对公众演示实验之前反复彻底地检查和核对所表现出的一丝不苟的精神。波特爵士(后成为勋爵),世界上最精彩的课堂示范者之一,回忆起一个有趣的故事来说明这个事实。

到皇家研究院任化学教授不久(这个职位最初是为法拉第创立的),我去为中学生作有关化学键的报告。为了演示类似电子在原子中的稳定波状,我用了大家熟知的克拉尼板。当运弓使它共振时,上面的沙子会形成结节。我们的首席小提琴手科茨(Coates)先生在这里将会解释这些结节点的图案(图 44)。

现在,一些相当意外的事情发生了。我们的沙子用完了,科

图 44　把沙子撒在一片薄的金属板(克拉尼板)上,用一把小提琴的弓在板的一边有力地运弓,使其产生振动

法拉第 1831 年曾经研究过的美丽对称的声波图案产生了。在(a)和(b)中所用的频率分别是每秒 1 200 次和 3 828 次。[引自泰勒(Charles Taylor),《讲课示范的科学艺术》(*The Art of Science of Lecture Demonstration*), Adam Hilger, 1988。]

茨先生给我一些滑石粉来替代，我们有理由期望它们的表现应该是相似的。事实上，没有相似的表现发生，而是一种相反的方式，即粉末占据波腹处，而那里的共振是最强烈的。——你们可以看到，它们落到了沙线之间的空间。我邀请我的同事金（King）教授来见证这个非凡的现象。但是他既不被打动也不惊讶，因为他告诉我这个效应的完整解释在一个世纪前已经发表了。谁是作者？对，迈克尔·法拉第。文章于1831年发表于《皇家学会哲学学报》。在那篇论文中，他描述了129个实验，涵盖了有关这些振动板的所有方面。他演示了较重的沙子颗粒落到结节处，而较轻的粉末被薄板上升时产生的空气气流吹到腹处。正因为他是法拉第，他提供了确实的证据。在真空里做这个实验，结果显示轻粉末的表现就和相对较重的沙子一样了。

在他那年代，受法拉第邀请做讲演的众多人中有两个值得特别注意：查尔斯·史密斯（Charles Piazzi Smyth）和威廉·格罗夫。他们都属于标新立异的人。后者是前者个性张扬的父亲威廉·史密斯（William Henry Smyth）的亲密朋友。

查尔斯·史密斯，曾任苏格兰皇家天文学家达40年，是19世纪英国科学界个性最丰富多彩的人之一。除了是一位天文学家和光谱学家，他也是一位先驱摄影师、气象学家、计量学家、艺术家、旅行家、作家，以及金字塔学家。他相信埃及吉萨的巨型金字塔的尺寸具有神秘的意义。

查尔斯·史密斯在他的领域做出的一项最重要的贡献是倡导了"高山天文学"。1857年3月5日，在皇家研究院做讲演时他谈到了

图 45　威廉·史密斯，格罗夫的朋友，查尔斯·史密斯的父亲

每一封他写给朋友的信都会带有一张相应的卡通画（图 50）。[复制自《逍遥派天文学家：查尔斯·皮亚齐·史密斯的一生》(*The Peripatetic Astronomer: The Life of Charles Piazzi Smyth*)，布鲁克（H.A. Bruck 和 M.T. Bruck）著]

图 46　查尔斯·史密斯，第一个逍遥派天文学家[复制自《逍遥派天文学家：查尔斯·皮亚齐·史密斯的一生》，布鲁克（H.A. Bruck 和 M.T. Bruck）著]

1856 年在特内里费山顶的实验。这项工作表明——借用艾萨克·牛顿的话——在"云海上面平静的空气"中铺设着测量天文学的未来。光学天文学家的和其他的天文学家把他们的天文观测站设置在高海拔的地方这样一种规范，一种现如今在世界上通用的实践，一种导致天文学家向气候宜人的加利福尼亚、加那利群岛和夏威夷持续不断地移民的实践，都起源于皮亚齐·史密斯最初在特内里费山顶的开拓性探险[5]。

格罗夫（见 108 页）是一位杰出的律师和热爱科学的人。他于 1896 年去世，享年 86 岁。他是格拉摩根县法官、陆军副中尉

图47 科学家出身的法官格罗夫的司帕爱（Spy）卡通画[16]：他被公认为阐明了热力学第一定律。这个卡通带有讽刺的意思，发表在《名利场》，冠以"伽凡尼电"的名字。

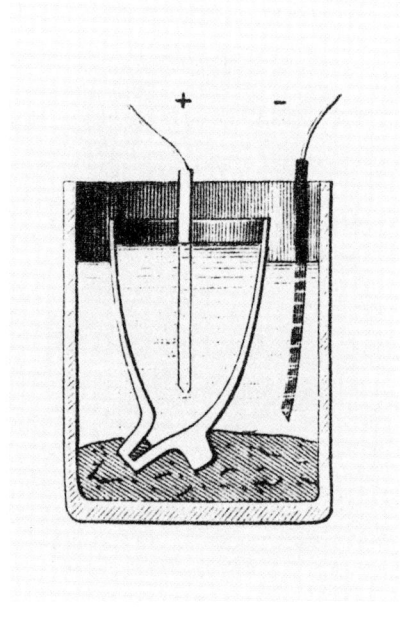

图48 格罗夫在1839年设计的原始电池

其组成包括玻璃容器中的许多小电池，被断开的陶土烟斗的烟盏分隔开的电解质（电导性溶液）。正极是浸入稀硫酸的锌片，负极是浸入浓硝酸的铂片。这种电池可产生将近2伏的电压。这就是法拉第和其他人说的格罗夫高强度电池。

约翰·格罗夫（John Grove）的儿子，生于斯旺西。他从格里菲思（Griffiths）牧师那里接受早期教育，然后小小年纪便进入牛津大学布雷齐诺斯学院，1830年从那里获得了一个普通学士学位。1835年他获得林肯律师协会颁发的律师资格，但是因健康原因好几年没有能够继续他的职业生涯。在这段时间，他迷上了电的研究。1839年，在发明高效电池方面，他获得成功。这种电池以他的名字命名（图48）。随后的一年，他被任命为伦敦研究院的实验哲学教授，这个研究院现在已经不存在了。它原来的建筑物现在属于伦敦大学亚非学院。正是在伦敦研究院任职的 7 年期间，他为自己在物理研究领域誉满欧洲奠定了基础。1842 年的系列讲座，他涉及对不同的自然力之间相互转换的前瞻性看法（和法拉第观点一致）。正是那个时候，他阐明了能量守恒的概念（热力学第一定律）。他的划时代短文《论物理力的相关性》（Correlation of Physical Forces）发表于 1846 年。他在 1847 年做皇家学会的贝克讲座，主题是"伏打点火"和通过加热铂线将水分解。这很大程度上阐明了催化现象的本质。（一条加热后的铂线也能促进同时消耗氢气和氧气，使之生成水。因此，一个催化剂的作用仅仅是辅助达到化学平衡。）

格罗夫电池单元（图 48）不应该和他的同样著名的"气体电池"或称为燃料电池混淆。他是发明后者的第一人。在一封写于 1842 年 10 月 22 日给法拉第的令人欢悦的信件中，他描述了这个装置。他写道：

威廉·罗伯特·格罗夫 给迈克尔·法拉第
伦敦研究院
1842 年 10 月 22 日，星期六

我亲爱的先生，

　　我刚完成了一个奇特的伏打堆。我想你也许想看一下。它由交错的氧气管和氢气管组成。每根管子都有铂薄片穿过，以便浸入彼此隔开的水容器。水经硫酸酸化。液体恰好触及金属箔片的末端，如下面的草图（图 49）所示。

　　铂片是经过镀铂处理的，所以因毛细管吸引力可以得到更大

的液气面。我采用了60组这样的交替装置,获得一个令人不安的震惊结果:不仅分解了钾的碘化物,而且分解了水。由小气泡组成的气流如此明白无误地、源源不断地从每一个电极上升起来。就这样,水直接被分解——没有使用易氧化金属。我将试管排列倒过来,试了所有的反向实验,但是该现象太过明显,以至于不会发生任何可能的错误。加西奥先生今天和我在一起,并观看了实验。如果你方便的话,能否下周二为我在伦敦研究院花一小时时间或者除周三以外的任何日子,从11点至3点之间的任何时间均可。我不得不认为,无论对有关电堆的化学理论和其他理论,还是对气体结合中铂的催化效应来说,这都是一个重要的实验。

亲爱的先生,我依然是
你的非常诚挚的
威廉·格罗夫

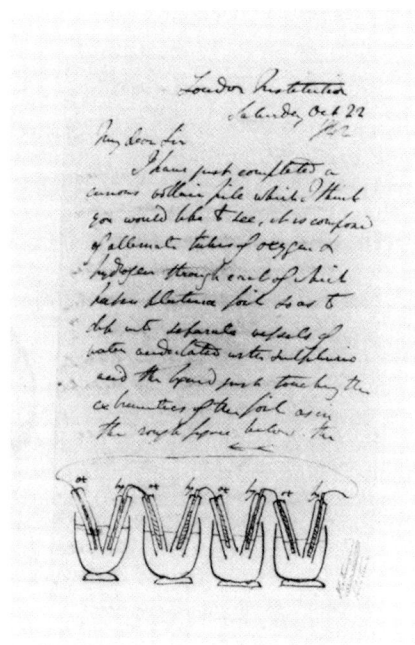

图49 格罗夫1842年10月写给法拉第的著名信件

其中包括有关格罗夫叫做"气体电池"的描述。事实上这是第一个燃料电池装置。氢和氧被电化学作用缓慢地"燃烧",因此产生电压。[基于这个原理的(格罗夫)燃料电池的液面界线现在对于直接通过化学反应产生电量具有巨大的实际重要性。将来输运燃料可能按照该原理操作,酒精探测器已经这样做了。]

在1843年5月11日的皇家学会讲演中,格罗夫进一步描述了他的"奇特的伏打堆"(或气体伏打电池)。

> 将一个电极对中氧气一端的铂和氢气一端的铂做金属性连接,由此形成由50对电极组成的伏打系列。这个电池产生了如下的效应:产生的电击能被手牵手的5个人都感受到,木炭的尖端发生即便在敞亮的白天也可以看得到的光亮火花。

格罗夫相当喜欢进行新奇的,甚至触目惊心的实验演示。1840年3月13日,在他皇家研究院14节系列讲座的第一节课期间(法拉第那天晚上自愿提供实验上的帮助)差一点把自己的手指烧坏了!于是,我们在斯特金(William Sturgeon)主编的期刊《电,磁和化学汇编》和《实验科学监护人》1840年4月那一期上读到:

> 格罗夫先生然后提到他的"高强度"电池。它仅占一块四方的面积,每边16英寸。电池元胞高4英寸,包含每片2英寸×3英寸大小的50对两边含有锌的铂片。就在这个相对很小的强电池上,在两个炭尖端之间看到了耀眼的长1.25英寸的弧光,熔化了大而粗的铁丝。法拉第先生借给讲课者一把折刀。大刀片瞬间爆燃,展现出铁的灿烂的火花雨。然后大块的锌、铜、软铁等等被用来测试电池的作用,其结果是产生一个最灿烂的燃烧系列,光的颜色取决于采用的金属。

斯特金(1783—1850)是一名电工、发明家。他出身低微,起初是一名列兵，后来自学语言和自然科学。1820 年，他离开军队，成了伍尔维奇的一位造船商，后来在那里遇见法拉第。在 1824 年，他成为皇家军事学院的科学讲师。之后，他移居曼彻斯特，在这期间他成为建造电动马达最早的一批人。1853 年，格罗夫回到法律界，成为女王的御用法律顾问，并在 1871 年成为法官。他的特殊科学知识背景令他在专利侵权的案子中受益匪浅。他是最早的英国化学学会会员之一，皇家学会副会长，皇家研究院副院长。他也是一位热心的业余天文学家，一位英国科学协会的坚定支持者，并在 1866 年任该协会的诺丁汉分会主席。

1891 年 3 月，格罗夫在化学学会的银禧年纪念会上做了令人难忘的演讲。演讲中，他提及他是学会的最早会员之一，曾经出席道尔顿于 1834 年 5 月 9 日在皇家研究院的报告，主题是"论蒸汽的原子理论"。在他的讲演中，他还自责没有发现光谱仪。

> 我当时已经观察到不同的金属在电弧中被引燃后的光谱具有不同的谱线。如果我有足够多的智慧，我应该看到反转的情况，也就是说引燃不同的物质后，他们的光谱线显示他们是什么材料组成的。

倘若他早些时候有这种认识，他可能领先于伟大的德国化学家本生和基尔霍夫（Kirchhoff），——他们是被公认的现代光谱学的鼻祖。在同一个银禧年纪念会上，格罗夫说："关于我的工作，我必须说科学对于我来说当它变得有用时，我通常会对它失去兴趣。"具有讽刺意味的事实是，他的许多工作都导致了重要的应用结果。然而，他对能量储存理念的贡献，尽管是有理由让人感到自豪的，却因为其他人，也包括法拉第的工作，显得黯然失色了。

格罗夫和查尔斯·史密斯的父亲威廉·史密斯对天文学有着共同的热爱，这使得他们成为忠实的朋友。皇家天文学学会的晚宴俱乐部对他们有格外的吸引力。他们常在会后共进晚餐。他们也经常回到白金汉郡的哈特韦尔宫，在那里经由史密斯的指导，建立起了一个正规的天文台。皇家研究院的档案室收藏有许多威廉·史密斯给格罗夫的通信原件。前者有一个惹人欢喜的嗜好，即画上一个卡通素描来描绘他在写信时的心情。史密斯的风格具有时代特征（图 50）。档案也包括大量的惠斯通和塔尔博特写给格罗夫的信件（见 125 页）。

在塔尔博特于 1868 年 7 月 17 日从威尼斯的欧洲旅馆写给格罗夫的信中，他提起为何谢拒英国科学协会 1869 年度主席职位的理由。

> 协会选择我做 1869 年度的主席，这对我来说是一项巨大的荣誉。我表达我的谢意，并同时为我不可能接受而表达歉意。事实上，我不知道自己在那个时候是不是在英格兰。我的家庭成员的严重健康问题需要我住在国外。尽管我希望偶尔会访问英格兰，然而，我有可能突然被叫走。所以在那种情况下我就不能参与任何活动了。

保持法拉第的传统

约翰·廷德尔（1820—1893），一位杰出的爱尔兰人，被富有鉴赏力的研究院秘书琼斯（Henry Bence Jones）医生引进到皇家研究院。琼斯现在因以他的名字命名的蛋白质以及他在 1870 年主编的《法拉第的一生和书信》(*The Life and Letters of Faraday*) 留在人们的记忆中。在德国马尔堡大学本生手下成功地学习了一段时间后,廷德尔回到英国,很快被任命(1853年)为皇家研究院自然哲学教授。不久,年迈的法拉第和他建立起了亲近的同事关系。

廷德尔成了一位杰出的科学家,并继承了研究院作为研究中心的最好传统。他解释了冰川流,最早测量了气体和蒸汽对热的吸收和辐射,是确认"温室效应"的第一人。他也进行了空气中小颗粒对光散射的前驱性工作,并在这个领域以廷德尔效应为人们铭记。和巴斯德(Pasteur)一样,为平息有关自发再生问题积怨已久的论战,廷德尔作了许多工作。该学说认为生命体的生成不是通过和他们类似的双亲的普通生殖过程,而是发生在正在分解的有机体中的运动和扰动中。廷德尔对空气中尘埃和细菌的研究工作部分是在基尤英国皇家植物园和研究院的房顶上完成的,并因此发明了一种被称为"廷德尔灭菌法"的新方法。这是一个通过加热到适度温度发生的不连续性杀菌过程,在早期的细菌学中被证明具有巨大的价值。廷德尔也是一个引人注目的演讲者。他很快在周五之夜演讲会上赢得了听众的心。他的演讲主题范围之广继承了法拉第所开创的优良传统。

图 50　威廉·史密斯写给威廉·格罗夫的信件之一:哀叹失去了一个完美的天文消遣的晚上(复制于皇家研究院的档案材料)。信是这样写的:

你真不知道，我亲爱的先生，我今天晚上仰望几乎透明的大气层时是多么悲哀，又是如何痛苦地责备自己为什么我们这个时候不在哈特韦尔做我们应该做的事情，因为这样的晚上真是非常难得的。我到野兔苑的森林深处寻找过你，计划动身。但是找不到你，这又让我的时间消耗在很次要的问题上。

廷德尔吸引听众的与众不同的窍门常常表现在他的讲课中。为了演示雨滴是怎样形成的，他曾经身披一件斗篷，头戴一顶西南风式防水帽，站在用水、石蜡、松节油和石油等制作的人工降雨下。在另一个场合，他证明了从一个看不见的焦点点燃的雪茄所发散出来的隐形热的可能强度。

基于他讲演和研究的内容，他发表了大量的书籍。然而，他针对的读者更为广泛，包括知识背景浅薄的公众，而不是仅仅针对在皇家研究院蜂拥而至听他课的尊贵宾客。他的一部分书成了畅销书，因此偶尔会被奚落为更像一个科普作家而不是一个严肃的科学家。但是，大多数维多利亚时代的人都感激他为传播科学教育所表现的传教般的热忱。

廷德尔语言表达的巧妙不断地激发人们对他的钦佩。这一点表现在 1883 年 5 月的讲演中他如何向听众描述指向伦福德的明枪暗箭：

伦福德和他的研究院不得不承受被嘲笑的冲击。他感受到了。但是，耍小聪明的人还是锲而不舍地在更老牌的、拥有更高权力的社团继续这样嘲弄。不可计数的讽刺利箭由皇家学会射出来。如果人们对科学探究几乎不懂得品味，对自然规律没有什么认识，有时被带点科学头脑的一些显然是微不足道的事由逗乐了，如果不是觉得反感的话，那是完全自然的事情。他们并未意识到科学上最惊人的现象常常把提示和诠释藏匿在最细微的事物里，也就是说牢固的纽带把最小的实验现象和宏大的自然行为联系在一起。因此，经过科学分析普通肥皂泡的晕彩，可能产生这样一个结论：恒星空间是一个充满了某种物质的充实空间，这种物质能够以每秒绕地球赤道 8 圈的速度飞快运动。而这种物质的震动在某种形式下构成我们称之为光的东西，我们把它所有的形式叫做辐射热。假如没有见证这种大和小之间的联系，我们就不可能清楚地意识到：考虑物理原理的例证时并没有大小之分。耍小聪明的人，多少有点小小的卑鄙，致使讽刺挖苦肆意泛滥。但是，这些事都已消逝。否则，提醒听众注意下面的例子将不会多余：现在落在我们场地上和过道上的以电灯的形式形成的华丽光彩，它的胚芽和祖先只是小小的电火花；当它最早在皇家研究院的墙上显露时是那么微弱以致几乎看不到。

他把握听众兴趣方面的技巧在 1867 年著名演讲"谈发声和敏感的火焰"的开场白中得到表现：

> 氢火焰在玻璃管内会发出声音。我相信，这一现象最早是希金斯（Higgins）博士在 1777 年注意到的。自那以后，这个课题已经被克拉尼（Chladni）、德拉里夫、法拉第、惠斯通、里克（Riyke）、桑德豪斯（Sondhauss）以及孔特等人研究过了。置于管内的火焰发生同调声音的行为也已被沙夫戈奇伯爵和我本人研

究过。一个裸露的鱼尾型火焰响应音乐声而跳跃的现象首先被勒孔特（Leconte）教授在美国一次音乐晚会上注意到。他观察到重要的现象，即火焰只有在接近闪烁的时候才会跳跃。这个发现却没有被他这样一位有才学的研究者继续下去，也许是因为他对我本人给予了过度的礼貌。去年，当我为"青少年讲座系列"准备实验时，我的已故助手，巴雷特先生，独立地观察到了这个现象。他后来用一些非常引人注目的实验成功地解释了它。为了方便这堂课的讲演，也为了应对将要进行的声音研究的需要，发声和敏感的火焰这个课题最近曾经送交皇家研究院的实验室进行检验。这项实验的主要结果呈现在下面的摘要中。

在空气中快速移动一根稳定燃烧着的蜡烛，你将得到一条锯齿状的光带，同时也将听到一种几近音乐的声音，声音传递出运动的节奏特征。在另一方面，如果你轻吹蜡烛的火焰，所制造出来的颤动噪声表现出另一种有节奏的行为。

当空气的颤动发生在风琴管的管口时，琴管的共振加强了颤动的独特脉冲，振动的周期和它原有的周期相吻合，由此使它变成了一种音乐声。

当一支煤气火焰被放到一根开口的、有合适长度和宽度的管子里，通过火焰的气流产生了颤动，其管子的共振擢升出音乐声。

将一支煤气火焰引进一根 3 英尺长的马口铁管子，我们得到一种洪亮清晰的音符；如果把它放进一根 6 英尺长的管子，我们得到一个低八度的音符。音符的音高取决于管子的长度。将火焰装入另一根长度达 15 英尺的管子，其声音想必非常的浑厚。产生的声音振动有足够的强度来颤动柱子、地板、椅子、走廊，以及坐在椅子上和走廊里的五六百人。火焰有时候会被它自己的激烈行为所熄灭，并在一声枪响似的爆炸声中结束它的轰鸣。

火焰在烟囱里的轰鸣也有这样一种特征。这是一种粗糙的音乐尝试。

通过变化火焰的大小，这些管子可引发出谐波音。

廷德尔对于皇家研究院和后人的最大功劳之一是他在 1868 年 1 月 17 日和 24 日的连续讲演中关于"发现者法拉第"的分析。那一年的皇家研究院文集包揽了廷德尔所付出的全部心血。最能体现廷德尔令人回味的、成功的例子莫过于他在授课中分析法拉第在有关"伏打堆中的能量来源"的辩论中的态度。争论的焦点是：是不是只有不同金属之间或其他物质之间的接触才是产生电的充要条件，或者说它是化学反应的结果吗？廷德尔是这样精心准备并清晰地传递信息的：

在科莫镇的一块公共场地上立有一座雕像。其基座上除了一个简单的名字"伏打"外没有铭文。拥有这个名字的人在科学史中永远占有一席之地。我们把伏打堆的发现归功于他。一会儿我们必须把注意力放到伏打堆上来。

科学思想的对象是不含情感因素的定律和外部自然界的现象。人们可能会猜测有关它们的探索和讨论也许完全是从情感的范畴中脱离出来的，——仅仅是知识分子干冷的智慧之光的一种追求。然而，情况并不总是如此。一个人会将他的心带入他所从事的所有工作之中。你不能将道德和情感与智力分隔。于是，事情会变成这样：一个科学观点的讨论可能会引起一场白热化的战斗。关于光的发射和波动理论的论战就具有这种激烈战斗的特征。关于"伏打堆能量的源头和保持"的争论已经持续很多年了，其激烈程度一点都不曾减退。伏打自己猜想它是来源于不同金属的接触。他的"电动力"于是就产生了，它能把原来黏合在一起的电打得粉碎，让它们形成一股电流，流向相反的方向。为了让电流的循环成为可能，需要用一根潮湿导体将金属连接起来，因为当任何两种金属被第三块金属连接起来的话，它们相互之间的关系只是得到一个电运动的完全中性化。伏打的金属接触理论是那么清楚，那么漂亮，显然又是那么完整，以至于欧洲最好的知识分子们都把它看作是对一种自然定律的表达。

伏打自己完全不知道电堆中的化学现象。但是，化学现象一旦被人们认识，各种建议和暗示便纷纷出笼了，有人指出伏打电的真正来源可能是化学作用而不是金属接触。提出这个想法的人有意大利的法布罗尼（Fabroni）和英格兰的沃拉斯顿。它又由那些"令人钦佩的电工们"——巴黎的贝克勒尔（A. C. Becquerel）[17]和日内瓦的德拉里夫发展并保持下来。另一方面，接触理论在德国却获得了主要发展和诠释。那个国家的伟大化学家和自然哲学家固守这个科学信念已很久了。即使到现在，他们中的部分人可能还不能从初恋的蛊惑中走出来。

我现在尽力把相关实验的研究结果展示在你们面前。这些研究出来以后，在这个论战面前法拉第已经不可能保持中立了。在皇家学会1834年4月7日收到的论文"论伏打堆的电"中，他采取了行动。他在这场论战中的立场也许早已被人们所预料到。他看到化学效应和电效应手牵手地一起出现,并且互成比例。在我们面前的这篇论文中,他证明了,当前者被排除,想发现后者是徒劳的。他在没有金属接触的条件下得到了一股电流,他发现在化学不活泼的情况下所用的液体完全无力产生电压,尽管它们能胜任传输弱电流,即允许与其接触的电通过自身,如果这就能形成电流的话。

到了 1862 年(那一年法拉第做了他的最后一次讲演),安排周五之夜演讲会成了廷德尔的职责。他富有想象力的眼光,主题和讲演者的选择获得极大的赞赏。他邀请的一位特别令人感兴趣的人是德国出生的、在新建的伦敦皇家化学学院任教授的霍夫曼(August Wilhelm von Hofmann)[18]。

最初,霍夫曼是一位哲学和法律系学生。在吉森大学,他成为杰出的德国化学家李比希(Justus Freiherr von Liebig)[19](法拉第的朋友之一)的一名助理。为了伦敦的某个职位,李比希将他介绍给阿尔伯特亲王和维多利亚女王。在那个职位上他待了 20 年。霍夫曼在他做过的每一件事情(关于科学的)上都是一个成功者。他在有机化学方面发表了数百篇论文,特别专注于从煤焦油中制备的产物,一种苯胺以及它的反应和含氮有机化合物中的重排。他的学生中包括伟大的帕金(William Henry Perkin)[20]。此人制备了首个人工合成染料——苯胺紫。(帕金 15 岁时进入皇家化学学院,在霍夫曼手下学习。)霍夫曼的写作也令人耳目一新。文章没有一丁点儿的嫉妒和怀有恶意的争辩,而这些是当时许多他同时代的有机化学家之间交往的特点。霍夫曼的私人生活有点饱经沧桑和悲伤。他 4 次结婚,11 个孩子中只有 8 位没有先他去世。

1862年4月11日星期五,当时法拉第在场,霍夫曼作了一个激动人心的报告——"苯胺紫和品红色",关于一类从煤中提炼出来的具有美丽色彩的物质。他的演讲以一种高调的方式结束。

这些不得不被压缩到,我几乎可以说是强制性地,一小时这样短短的时间里讲述的内容实际上是极其丰富和浩瀚的。当我解释各种必须提及的材料的形成时,当我用实验来阐明它们的性质时,我几乎没有时间望一眼我们这个主题的历史。这个历史并非没有趣味。你们很容易看出来,一个像我竭力描绘的那种工业分支不可能像米勒娃从丘比特的头上出生那样崛起——开开心心地就获得突如其来的灵感。要完成这么卓越的成就,时间和辛劳以及许许多多探索者的思想都是必需的。你不应该期望我在过去的一小时时间内能够详尽地分析这一学科的相关部分。但是,我肯定不能就这样离开你们,而没有谈及一些一定能吸引研究院院友们的生动有趣的事实。那么,让我来告诉你们,苯胺紫和品红实质上是皇家研究院的颜色。这个新兴工业的基础在阿尔伯马尔街。苯,我已经一再地提及它——苯⑥,可以被看作是一种原始材料。它能够在化学制剂的影响下完成奇妙的形状变化。苯是我们的大师,请允许我不加上"我们和蔼的朋友",法拉第先生的一大发现。这一卷1825年的《哲学学报》包含有他的实验描述。在1825年,37年前,皇家研究院的实验室见证了这个非凡物质的诞生。昨天,在安德森先生引导下,我进入了那间实验室,仔细地搜索了一番。现在我的手里拿着的正是我们考察的战利品,由法拉第制备的苯的原始样品。因此,通过让你们回想起法拉第早期劳动成果之一，我翻开了光荣的皇家研究院辉煌的一页。尽管由于随后大量的发现，这项工作看起来几乎像多年的传统会被淡忘一样，从他本人的记忆中似乎消失了。苯为我们提供了苯胺紫和品红染料，但是，它的作用比这多得多。化学因这个神奇的物体变得得天独厚了。苯已经成了在我们的科学中许多领先创意的载体。在米切利希、基宁、格哈特和洛朗的手中，在查尔斯·曼斯菲尔德——永远也不会被他的朋友忘记——和许多其他人手中，苯已经成了化学科学进步的杠杆。苯和它的衍生物构成有机化学中最有趣的篇章之一。这个领域研究的进展和这个化合物的历史密切地联系在一起。

但是，苯的历史同苯胺紫和品红的寓意有何关系呢？哦，女士们，先生们，问法拉第先生吧，问他在1825年研究苯的目的是什么。我可能没有权利在法拉第在场的情况下来回答这个问题，但是我冒昧地说，我们将他出色的探索归功于他对阐述真理所感到的纯粹的乐趣。他的继任者以同样的精神继续这项工作。他们极有耐心地挖掘出一件又一件的事实真相，记录下一次又一次的实际观察。这是一项仅仅为了追求真理而进行的爱的劳动，汇集了许多热心探索者的集体力量来完成，年复一年沿着同一个方向，最终勾画出苯和它的衍生物的全部化学历史。科学基础就这样被奠定了，应用的时候已经来临了。这些物质当时仅仅是自然哲学家的囊中之物，仿佛一跃而过地突然出现在我们生活的市场上。

还需要我再多说什么呢？苯胺紫和品红的寓意已经足够清澈透明了。我从你们的眼睛里已经读到了——我们能够相互理解。将来任何一个时候，当你的某位化学界朋友充满热情地向你展示并解释他新近发现的化合物时,你将不会问他那个最可怕的问题,在他的崇高职责上泼冷水,"它有什么用呢?你的化合物可用来漂白或者染色吗?它能刮胡子吗?它能用作皮革制品的替代品吗?"让他平静地继续他的工作吧。染料,肥皂泡,皮革总是会在适当的时候出现。让他,我重复这句话,履行他的任务。让他沉迷于追逐真理——那种纯粹的简单的真理——那种不是为了苯胺紫,不是为了品红的真理——让他为了真理而去追逐真理吧!

廷德尔在他掌舵的最后时期,邀请了两个有影响力的19世纪发明家到皇家研究院。他们是威尔士人普利斯(Welshman William Henry Preece)——一位对电报、电话、无线电电报通讯做出诸多贡献的电气工程师,和迈布里奇(Eadweard James Muybridge),一位用照相术研究动物行为的英国裔美国人。

在普利斯邮局工作的长期职业生涯中,他负责许多改进电报的任务,以及用他发展的信号系统新方法来改善铁路的安全。但是,他的最重要贡献之一可能是他对年轻的意大利无线电先驱马可尼(Guglielmo Marconi)[21]的鼓励。普利斯在1878年2月1日作的报告"电话",读起来格外迷人。在反映他对法拉第的钦佩的同时,他的讲课引述了爱迪生[22],贝尔(Alexander Graham Bell)[23],亥姆霍兹和其他一些人所建塑起的重要里程碑。

电话是一种为长距离传输声音而建造的装置。远程输送声音的艺术,其历史和古代的人面狮身像一样久远。神奇的希腊人就曾经用过这东西。最早的有关电话雏形的可靠记录见于科学崛起的历史时期胡克（Robert Hooke）[24]在1667年所作的预示，他说：

"从一浪（furlong）[25]的距离听到窃窃私语并非不可能，这个已经做到了。尽管那个一浪距离应该可以增加10倍，事物的本质也并不能使它变得更加不可能。尽管有些著名的作者断言不可能隔着哪怕最薄的白云母片听到声音。然而，我知道一种方法，通过它将会足够容易地听到一个人穿过一码厚的墙的讲话声音。现在还没有彻底地研究过助听筒能被改进到什么程度，好像也没有什么其他的方法可以促进我们的听觉，或者通过空气以外的其他物体来传达声音。对此我可以向读者保证，空气绝不是唯一的介质。我拥有的方法，是在一根拉紧的线的帮助下，在瞬间把声音传递到一个非常可观的距离，或者看似如光那样快的运动，至少比在同一时间通过空气传播要快得多。这种传播不仅是直线的或一个方向的，而可以是有许多弯角的。"

这个想象一直是一种理想，直到1819年惠斯通制造出了"神奇的里拉琴"，并在阿德莱德美术馆欣喜的观众面前展现。法拉第常常用到它，而且自那以后廷德尔教授在皇家研究院经常制作这种琴。一个大音乐盒放在研究院一间地下室里，一块轻的松木条放在它上面。在讲演厅里听不见声音，直至笔者将一个轻的匣子或者其他共鸣箱放在松木条上，这时，音乐声在整个屋子回响⑦。这是第一部电话，是那些优美的现在在街上卖一个便士的玩具电话的前驱体。

音乐盒的振动把它的复杂性和美妙传递给了木条，从那里转给共鸣箱。共鸣箱又将它们镶嵌在空气里，空气把它们输送到耳朵，从那里被输送到大脑，给予那些公认的被称为音乐的感觉。响亮的振动，无论是来源于音乐、人声或者仅仅是噪声，具有音调，音高和音质上的种种变化。一个音符的音调依赖于它响亮振动的波长，或者说是每秒进入耳朵的声波的数量；音符的音量取决于空气波动的振幅，或者说是振动的空气颗粒来回摆动的长度。音质或者说音符的质量，取决于这些颗粒运动的形式或速度。耳朵接受音符的局限是每秒 16 至 38 000 次振动，而人发出的声音在每秒 65 至 1 044 次振动之间。振动的振幅非常小。瑞利勋爵曾经指出一个 1/25 000 000 英寸的运动幅度就足够提供听得见的声音了。

物质的振动是产生声音的必需条件，而空气的存在是把它传播到我们耳朵里所必不可少的。

这些响亮振动可能通过在它的路径上放一个有弹性的物质被捕捉到。这样的话，玻璃可以被很响的低频声音所崩裂，物体在充满音乐声的房间里发出嘎嘎声，只要对着钢琴唱歌就可以收到它的回音。拿一个薄的铜片放在嘴前，它会对发出的每一个声音产生振动。而如果它旁边有一个可调节的硬金属点支撑，能充满整个演讲厅那样大的声音会被发射出去。巴洛（William Henry Barlow）[26] 于 1874 年在皇家学会付诸行动，制作了他的标识系统，用不同的直线条和曲线记录说话的声音。这里有这样的一条线，记录了说话人的双唇发出的音调，音高和声音的形态，实际上复制了声音的所有元素（图 51）。

追溯留声机的出现，普利斯说了如下的话：

在发声振动的影响下，圆盘产生振动，而这些振动是可以被记录下来的。如果这些记录是在一些非弹性的物质如锡箔上完成

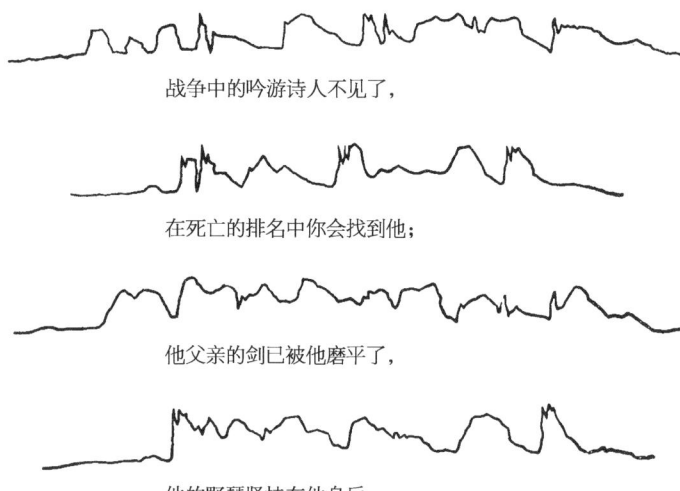

图 51　普利斯 1878 年在他题为"电话"的演讲中展示的语音图
通过它们，声音传播中的音调、音量和音质都显示出来了。

的，那么它们不仅仅是永久存在，而且可以在将来的任何时候依此制作出相似的圆盘，来重复或者复制相似的振动。美国纽约的爱迪生先生已经成功地应用这个原理制造出了"留声机"。它能重复说话人的声音。他已经把渴望"喁喁絮语渺然"那种诗人[27]的意境变成了现实。

然后，在描述贝尔的开创性的贡献时，普利斯对强加在发明家、发现者们身上的嘲讽，抵制和谩骂做了美妙透彻的细述：

留声机是能清晰对话的电话机的后续产物。尽管好几个人都参与完善这种"远距离扬声器"的工作，可是没有一个人的名字比亚历山大·格雷厄姆·贝尔闪烁着更加灿烂的光辉。他父亲声乐生理学家的职业吸引他去学习声乐器和制造声音。亥姆霍兹的研究引导他去探讨电以及其在电报上的应用。增加电线输送信息容量的需求导致他设计出多通道电报，这一项工作自然而然地、合理地诱导他去阐述电话术。我们这里要提及的是一个值得关注的现代研究方法的例子，从中可以看到想象为实验提出建议，而实验渐进式地提供了发展和完善的机会。新的事物并不总是会被承认，这是事实。在这个国家，人们抱着极大的怀疑态度来听关于电话的故事。许多人至今都怀疑它的真实性，直至他们实际尝试到它的真实存在。然而，一旦一件新生事物被证实是真的，众多诽谤者却以证明它不是新的为乐。发明者不得不饱受被辱骂的磨难。他被看作是一个抄袭者，或者一个剽窃者，或者被戴上一顶更糟糕的帽子。有些人举例说同样的事情似乎很多年之前已经有人做过了。然而，也许除了有点想法以外，那些被称为做过这些事情的人兴许连他们自己都不曾听说过有那些事。贝尔教授将不得不经受所有这一切。但是不管怎么说，电话将永远和他的名字联系在一起。这将依然会是这个奇妙时代的奇迹之一，而它的主要令人惊叹之处是它的精美和玲珑小巧。

迈布里奇，1830 年出生在伦敦附近的金斯顿-泰晤士河上。原名是爱德华·詹姆斯·马格里奇。他改名是因为相信这才是原始的盎格鲁-撒克逊（Anglo-Saxon）[28]名字形式。1852 年他移民加利福尼亚，大约在 1866 年成了一名职业摄影师。他通过对"优胜美地"国家公园拍摄令人印象深刻的照片而赢得相当好的声誉，很快就成了美国政府的总摄影师。在有关一匹马的步态的争论之后，加利福尼亚前州长斯坦福于 1872 年委托迈布里奇在他的种马场做一个照相方面的研究。用一组带有电磁快门的 24 个小相机，以发条启动或者用细线横在跑道上让奔跑的马冲断它们来启动，他揭露了"摇木马"这个由艺术家描述的姿态的谬论。动物实验镜是迈布里奇为他自己发明的特殊灯笼起的名字。这个装置是将快速连续的图像绘制在一块可旋转的玻璃圆盘边缘，当旋转时图像被投射到屏幕上，这样就产生了影像运动的错觉。这就是为什么迈布里奇常被称作现代动态影像之父的原因。

1882 年 3 月 13 日，一场特殊的周一夜晚演讲会被安排在皇家研究院进行。当时在场的有：威尔士王子殿下（The Prince of Wales）（这次活动的主席）、亚历山德拉公主（Princess Alexandra）、格拉德斯通、赫胥黎、丁尼生和廷德尔。迈布里奇做主题为"用动物实验镜观察动物在运动中的姿态"的讲演。研究院会员和他们的客人在那个晚上看到了如图 52 所示的图像。出于历史、文化和科学方面的考虑，他的报告

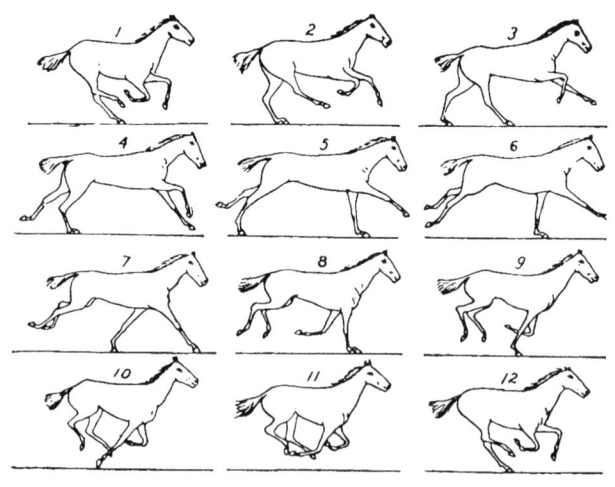

图 52　迈布里奇 1882 年在皇家研究院展示的一些结果中的一个例子
在这个情况下展现的是驰骋的骏马的一些连续阶段。

的摘抄复制如下。

动物身体结构的问题在整个历史中一直受到人类的关注。

《约伯记》描绘了马的运动,《荷马史诗》描写了牛,这引起亚里士多德和博雷利(Giovanni Alfonso Borelli)[29]的深切注意,并穷其一生来尝试获得解释。在每一个时代,每一个国家,哲学家们发现它是一个经久不衰的研究主题。当今杰出的法国学者马雷(Étienne-Jules Marey)[30]不满足于他的前辈的探索,为得到比他们所给予他的更为精准的信息,他用了一个由一端和有弹性的空气腔室连接的灵活管子组成的系统。这些管子又连着马蹄,另一端有一些机关,被骑在动物身上的人拽在手里。在腔室里的空气交替压缩和膨胀,这导致铅笔在一个旋转的圆筒上记录连续的或者同时的当每一只脚相应地踏在地上或者从地上抬起来时的行为。用这样一个原创的别出心裁的方法,他得到了非常有趣的有价值的信息,给当时尚未完全理解的运动的研究带来新的希望。

当哲学家竭尽全力来阐明控制与动物生活相联系的运动的规律和影响这些运动的元素时,艺术家,尽管有一些例外,看起来已经满足于他最早的前辈们事先设计好的观察,已经毫无疑问地接受了那些从传统的遥远年代遗留下来的运动中动物图像的和雕塑的表现的真实性。

当一个动物的身体以均匀的运动方式被向前带动时,其相关的四肢有一个交替的向前和后退的动作,它们不同的部分以相对的速度加速,以及当它们沿着脚向下伸展时得到歇息,相对于身体来说，这种运动依赖于从一个完全休息的状态到不同的加速度的连续变化。

对于艺术的目的而言，没有对其他肢体的同步动作的认识，单一肢体的动作是没有意义的。要以思维能力来理解动物四条肢体的同步动作，甚至比较慢的动作，是极其困难的，甚至几乎是不可能的。这可以归咎于依赖观察的研究者因错觉产生的大量误解。当理解了由这些肢体造成的同步动作和连续姿态，在动物运动所有不同形式和交替中我们立即看到了简单性。一只四足动物的行走算是它最慢的行进运动了，看起来是一种非常简单的动作，容易观察和表达，分析起来也不困难。然而，它却引起最亲密的、最有经验的观察者之间无休止的争论。

在驰骋的过程中，当前腿和后腿单独地、连续地向前和向后尽可能伸展时，他们的相对静止可能使粗心的观察者产生一种轮廓模糊的印象。这些连续的貌相可能被最早的雕塑家和画家组合起来，并采用奇怪的夸张手法以单一的姿态来描绘极快的速度。或者用更加形象的说法，肢体的附加投影被用来象征速度，就像物体大小上的附加线表示一排物体。一定程度上古希腊艺术家在他们最好时期的作品中印证了这种观点。那时他们的英雄人物表现出和其他的人物一样大小，而他们的马的姿态要和他们所想象的非常相似。然而，埃及人显著的传统观点几乎一成不变地被不同时代的艺术家们用来表现奔腾的动作，并不经任何修正地在所有的现代文明国家中盛行。

谈到艺术的抱负，也许还有艺术范围，其最高的境界是成为印象的描绘者，效果的制造者，而不是事实的记录者。因为一个印象会是那么模糊,以至于在第一次的研究观察中就会消退。为在绘图上表现动物的运动姿态,艺术家牺牲事实是否合理,现在仍然和利西波斯(Lysippus)[31]那个时代一样是个有争议的问题。利西波斯嘲笑其他的雕塑家,把人物做得就像自然存在的那样,而吹牛说他自己是把人物做成他们应该有的样子。

一些杰出的艺术家[其中值得注意的是梅索尼埃(Jean-Louis-Ernest Meissonier)[32],他在描绘动物较慢运动上做了努力。]借助于事实而不是想象来引导他们的铅笔。但是他们几乎得不到批评家们的肯定。然而,直至最近,艺术家和批评家依然如故地坚持依靠他们自己个人的观察来证明他们的概念,以及支持他们的理论。

最早的时候摄影被认为是科学上的一种好奇,但很快被确认为是在寻找真相时一种最重要的条件。现在它最广泛的用途完全地从属于它对天文学家、解剖学家、病理学家和其他自然界复杂问题的研究者所体现出来的价值。但是,艺术家仍然很犹豫自己是否应该利用这个资源,它至少可以被看作是艺术的侍女;如果不是在艺术的最高层次上被接纳的话。

在加利福尼亚,对瞬间摄影的实验已经投入很多的关注以后,我在1872年听从一家旧金山报纸主编的建议,得到了一些处于快速小跑时马的摄影照片。

在那时,有一种争论在有经验的骑手中间盛行,即当马在小跑的时候,是否它所有的脚在某同一瞬间完全离开地面。在那一年做的一些实验证明了一个本来早应该不言自明的事实。

出于对马雷教授实验的浓厚兴趣,我在1877年发明了一种方法：采用大量摄影机,在平行于动物运动的跑道放成一排,其目的是为了得到当它经过照相机前的时候,它在一次完整的步幅之间等距离或等时间间隔的一些连续印象。这样就可能比马雷的系统更加完整地研究动物在运动中的连续姿态。

我向一位富裕的旧金山人斯坦福(Stanford)先生解释了我准备做一些实验的计划。他慷慨地同意将他的畜牧场资源交由我来处置,以便补偿我的研究费用,条件是为了他私人使用的目的,让我提供给他一些预期结果的拷贝。

那个晚上用的一些插图见图53和图54。在结束段落,迈布里奇有一种预言家的口气:

为得到受控的连续曝光摄影,自动设备的采用是最近发生的事,以至于人们还没有能够合理地理解它的价值,或者普遍地在科学实验上使用。将来,病理学家、解剖学家和其他未知现象的探索者将会发现它对他们的复杂研究是不可或缺的。

图53 迈布里奇利用由跑步的马来驱动的线来控制拍摄运动动物所需要的曝光时间

图 54　迈布里奇在他的演讲中展示另外一张插图（像图 53 一样）来描述一个相似的要点

回顾另外一个加州人将会很有意思，即埃及出生的泽维尔（Ahmed Hassan Zewail，加州理工学院莱纳斯·鲍林冠名教授）[33]。他在 1991 年 3 月周五之夜演讲时首先引述了迈布里奇的工作。在 1882 年，动物实验镜中所使用的曝光时间是 1/1 000 秒。用目前可提供的最快脉冲激光，泽维尔用于化学反应研究的摄像速度是千万亿分之一（10^{-15}）秒，也就是说在飞秒的时间尺度。1 秒钟中有多少个飞秒呢？这差不多等于在 3 200 万年中有多少个 1 秒钟。

杜瓦爵士和瑞利勋爵

这种说法⑧很有道理，"皇家研究院从她的教授们那里获得其特点，她的声誉归功于他们。"杜瓦（图 55）在已经被任命为剑桥大学自然哲学杰克逊冠名教授 12 年以后，首次在 1887 年接受富勒化学教授职位。他拥有这两个职位长达 50 余年！杜瓦是苏格兰低地一个酒馆老板的儿子、伟大的化学家、聪明的实验科学家、有才华的音乐家、热心的天文学家、诗歌爱好者和抑制不住的发明家、设计者，同时也是一个

图 55　杜瓦爵士
1877 年至 1923 年任皇家研究院富勒化学教授。

难相处，易发怒的人。他和廷德尔在研究院共事 10 年。开始，他们相处得不错，当杜瓦来做讲演时，他可以和廷德尔一家共进晚餐。然而，他们的关系渐渐地变得紧张起来。廷德尔常因失眠而心情不稳；而杜瓦原本有点过敏，永久性地遭受消化不良的折磨，这些对于改善他们之间的关系毫无帮助。麻烦在他们之间滋长，年老的廷德尔不能接受杜瓦所抱有的日益增长的自信和旺盛的作风。当廷德尔不被允许（管理委员会的决定）做 1887—1888 年圣诞节讲座，他们把这个机会给了杜瓦时，这成了他们关系破裂的导火线。廷德尔甩手不干，辞职了。杜瓦成了楼里的管理者，而廷德尔一家却从院长的居住单元里慌慌张张地搬出去。

虽然他有许多个人的缺点，杜瓦作为一名科学家尚有些许天赋。在选择演讲人方面，他做得非常出色。诗人、音乐家、演员、艺术家和当时顶尖科学家都列在演讲会的名单上。欧文爵士（Sir Henry Irving）——一位伟大的演员，住在离研究院演讲厅不足 100 码的转弯角一个单元里近 30 年。在 1895 年 2 月 1 日，他作了一个特别的下午演讲报告，主题是"演戏，一门艺术"。这吸引了 1 050 位听众。还有大量其他的杰出表演艺术家，其中包括皇家音乐学院院长帕里。他谱的曲子曾经使布莱克（William Blake）的《耶路撒冷》[34]得以在皇家阿尔伯特音乐厅系列音乐会的最后一个晚上唱响。

杜瓦同皮埃尔·居里（Pierre Curie）和玛丽·居里（Marie Curie）夫妇建立了很好的友谊，他们经常到研究院来访问他。前者1903年做了有关镭的演讲（用法语）。他也说服了其他著名法国科学家［包括穆瓦桑（Henri Moissan）[35]和佩兰］来做讲演。80岁高龄华莱士（Alfred Russel Wallace）[36]在1909年讲了达尔文主义和他自己独立的对进化论的原始贡献。年轻的威尔斯（Herbert George Wells）于1902年阐述"发现未来"（见180页）。伟大的美国天文学家海耳和洛厄尔（Percival Lawrence Lowell）[37]连续两年来这里讲课。海耳讲述"太阳的涡流"，而洛厄尔则带来他天文台的"行星的照片"。杜瓦和洛厄尔具有很感人的近似之处。后者早期生活致力于文学和旅行，直至30多岁以后，他听说在火星上"发现"了运河，受其启发，洛厄尔的兴趣转到天文学，并动手在亚利桑那的弗拉格斯塔夫建立他的著名私人天文台。（洛厄尔预言冥王星的存在并开启了寻找的历程。在他去世14年以后，这项工作以该行星的发现而画上句号。直到20世纪后半叶空间时代的降临，洛厄尔有关火星表面运河的观点才寿终正寝。）

杜瓦组织的一次特别的（额外的）演讲席卷伦敦知识分子和科学生活。这是一个两小时的特别演讲，是在最后一分钟插入研究院的活动。演讲人是杰出的克罗地亚电气工程师特斯拉（Nikola Tesla）[38]，他为工业界能量的输送带来革命性的变化。他生命的大部分时间痴迷于无线传输能量的想法⑨。电科学领域中，有关特斯拉的故事可能比其他任何一个人都多。特斯拉1892年2月做了主题为"高电势和高频率的电流"的演讲。他令严肃日报的主笔们激动不已。其中一位这样写道：

> 其他科学的信徒现如今抱怨，电研究的魅力和应用电科学所得到的丰厚物质回报正在以不相称的比例吸引着正在成长的一代人的心。他们说，几乎看不到有年轻人愿意献身于例如天文学或生物学那样的学科。他们成群结队地去学习电气工程。我们也许能接受这多少已经成为现实的情况，寻求对此状态的解答并不遥远。电学已经紧紧地抓住了这个时代的想象力。它进入了生活的每一个角落，并始终对我们已经习惯了的安排产生令其简单化、加速发展和优化改善等方面的影响。最新的鱼雷是由电来驱动、控制和爆炸的。电动机是我们正在担忧的一半国内问题注定的解决办法。在认真的学生中间，同样也在大众中间，有一股强烈的对科学能产生各种可能性的信念，期望它会很快给我们带来一个最丰富的、最吸引人的现代研究领域，带来一种最有希望获得财富的科学应用。一部分现在抱怨自身被忽视的学科并不能给出同样的关乎国计民生的吸引力。但是，和他们要求得到和电气工程一样的科学前景比较起来，这一点我们相信只是一个不太重要的缺点。在一些方向上，我们也是明显地处在进展过程中，而不是所有想要知道的东西都已经研究过了。但是在我们的进程中，研究的手段是很有限的。举例来说，我们不能期望看到任何比显微镜能够揭示的更小东西，我们也不能希望得到超出最好的望远镜所能够给予的更多信息。但是每个人都觉得，无论是抽象的或者是实用的，我们都只是

站在电学知识的门槛上。这种感觉决定了年轻人潮水般涌向电气工程的讲习班。对于一个非常迅速发展的、相对年轻的科学来说，不能从经济上证明是否合算。

如果为了刺激热情或者增强信念需要点什么，这毫无疑问正好是昨天晚上非常精彩的报告所提供的。在报告中，特斯拉先生在皇家研究院让专业听众们着迷了两个小时。他的美妙的实验不仅仅开启了一个新的、最有希望的研究领域，而且也多多少少清楚地建议对许多一般性的物理概念进行修正，以及带动扩展我们的推测思路。特斯拉先生工作在光、热、电、化学亲和力、能量形式的交界处。对此我们不能很自信地辨别其中的任何一个领域，以及它们之间的交接和融合。看到他的一些惊人实验，会令人感觉到旧的分界线变得模糊了，我们很快会提出一些新的卓有成效的概括，由此我们可能开始新的探索航程。作为最明显的和基本的反映，观众会不由自主地问自己电和电介质，导电体和绝缘体，到底它们的精确含义是什么。特斯拉先生在两个电极之间构建了一个电弧，然后将我们所知道的最好的电介质板插入其间，其结果不是去阻止，也完全不是去干扰，而是积极地促进放电。在另外一些同类型实验中，他演示了高压电流，完全不顾及所有的器件在测试中仅仅用了普通电流。那里看起来没有电介层，没有厚的胶木板，没有空气间隔等等那些不能被合适强度电流击穿或者桥连的物质。这个实验说起来似乎并不是一项了不起的发现，但是不管怎么说，它是人们尚不知道的一件事情。它打破了相当一部分观念。从长远来看，这些观念基于一种默认，即存在有一成不变的明确的畴界线。紧随这项研究而来的是一个非凡的发现：随着电的物理强度的增加，它会失去对人体的影响。讲课人站在一个没有电线但是足以点亮一个电灯的静电场中，没有任何感觉。他把一只手放在一个终端，那里紫色放电的电刷噼里啪啦地喷溅火花。在另一端，他握住一个灯泡或者真空管。这样将自己变成了在 5 万伏电压下产生的电流的通道。真空管像日出时那样发光。但是，讲课人没有感觉，尽管 1/500 强度的电流就足以让他完蛋。当太阳向前倾注光，这种光人的肉眼是看不见的，所以，看似一种流动的能量，而我们在其间生活和活动，却没有发现人的神经对它有任何反应，除非它慢下来，慢到一个普通发电机的速度。

对于一个讲究实际的人来说，这是一个非常惬意的发现。务实的人很自然地想要知道他能够从这一切中得到什么，电的照明是否马上会比煤气更便宜。于是，在他看来这绝不是小事情。他的绘图室可能变成一个静电场，所以在这个房间任何地方的灯泡和真空管都应该放出预计的光芒，而他非常安全地在分子能量的风暴中走动，此时玻璃的绝缘能力显得微不足道了。特斯拉先生在他的讲课过程中留下了各种各样的很现实的提示，但是他没有对务实的人更便宜的照明要求给出精确的回应。

杜瓦到皇家研究院 10 年以后，另一位甚至更加杰出的剑桥科学家迁移过来，那就是瑞利勋爵。他在 1887 年接替廷德尔被任命为自然哲学教授。

当麦克斯韦 1879 年去世时，瑞利被选为他的接班人，任剑桥大学物理学卡文迪什教授。1884 年，他从这个位子上辞职，去张罗他在埃塞克斯县特林的庄园。在那里他建立了一个装备相当不错的私人实验室（图56）。他以后的岁月在那里和在皇家研究院继续研究工作。他在皇家研究院保留自然哲学教授的职位直至1905年。他做了大量的演讲，从事了异乎寻常广泛的课题研究。他解释了天空的蓝色，他开创性地研究了声音和表面声波、光学、流体力学和胶体科学。然而，最重要的是他发现了氩，为此他和杜瓦的对手、伦敦大学学院的拉姆齐（William Ramsay）一同被授予1904年诺贝尔奖。瑞利，15位获得诺贝尔奖的皇家研究院教授中第一人，经常带他的妹夫贝尔福（A.J.Balfour）阁下（首相和后来的外交大臣）[也是《贝尔福宣言》（Balfour Declaration）的作者，这封信导致了以色列国的建立]到周五之夜讲演会。人们看到他们每个人和其他杰出人物一起坐在听众席前排，听杜瓦作他著名的1904年演讲"液态氢"（图57[⑩]）。

图56　实验台上的瑞利勋爵

他是自然哲学教授（1887—1905），荣誉教授（1905—1919）。

杜瓦和瑞利两人都保持了向皇家研究院引入最新科学进步和相邻学术活动领域的传统。这很大程度上也正是法拉第所鼓励的风气。当汤姆孙（Joseph John Thomson）——剑桥的卡文迪什教授（瑞利的继任者）——1897年受杜瓦的邀请来讲演时，他那天晚上关于发现电子的宣布受到多少带有些怀疑的欢迎。

图 57　詹姆斯·杜瓦 1904 年有关液态氢的演讲

两个未来的诺贝尔奖获得者（瑞利和马可尼），一位首相（贝尔福）和 4 位皇家学会会长，包括开尔文、斯托克斯和克鲁克斯（Crookes），以及工业界领袖蒙德（Ludwig Mond）和马尔泰（George Malthey）等在听众席中。

在他 1936 年出版的《回忆和反思》(*Recollections and Reflections*) 中，汤姆孙回忆道：

> 一开始，很少有人相信有比原子小的物体存在。一位当时在我的皇家研究院讲课现场的杰出物理学家很久以后甚至告诉我说，他以为我当时在"开玩笑"呢。

瑞利勋爵在周五之夜讲演中，或者在下午和午餐时间讲课中描述了令他赢得诺贝尔奖的惰性气体氩的发现、他有关声音、辐射、流体流动和大量其他课题的开创性研究。正是瑞利成为解释为什么法拉第的胶体（见 67—69 页）会有颜色的第一人。他用介电性质这一法拉第自己发现的概念定量地完成了这项工作[11]。杜瓦阐述了他自己得到低温和液化永久气体的巧妙方法。1926 年，贝尔德（John Logie Baird）[39]作了首次"电视"的演示。在 1929 年，伍利（Sir Charles Leonard Woolley）[40]第一次披露了他在迦勒底的乌尔完成的考古学发现。1931 年，凯恩斯（Maynard Keynes）描述了"贸易低迷的内在机理"。1932 年卢瑟福勋爵宣布，他的同事卡文迪什实验室的查德威克（James Chadwick）发现了中子。当他低沉地述说、咳嗽时，他的白发在前额摆动⑫。卢瑟福的热情永远具有感染性。每一个人都喜欢他，无论他们是否听得懂他讲的课。在 20 世纪 30 年代初期，威廉·布拉格（当时是研究院院长）和他在戴维—法拉第实验室的前同事阿斯特伯里（William Thomas Astbury）⑬宣布了他们的重要发现：头发，羊毛和其他自然纤维是晶态的。这一突破标志了结构分子生物学的开始。这件事情本身的重要性堪比 19 世纪 20 年代沃勒（Wohler）作的演示——一些"有机"分子（尤其是尿素）可能完全由无机的前驱体来制备。从此以后，一系列的重要发现在周五之夜讲演会上得以宣布，包括硅酸盐矿物和合金的新见解（劳伦斯·布拉格报告），液态的本质［贝尔纳（John Desmond Bernal）报告。他年轻时在研究院跟随威廉·布拉格，解析了用于做铅笔的润滑性矿物——石墨的结构］。获诺贝尔奖的突破性工作——关于血红蛋白和肌红蛋白结构，由佩鲁茨（Max Perutz）和肯德鲁（John Kendrew）讲演，成为极少见的两个人合讲同一主题的形式（1963 年）（图 58）。菲利普斯（David C. Phillips）——一位在劳伦斯·布拉格做院长主持工作时期戴维—法拉第实验室的主要成员，在 1965 年首次成功解析了一个酶（溶菌酶）的结构。他在 1965 年 11 月的讲演首次展示了 X 射线晶体学如何能够解释酶作用模式的机理和功能。而 X 射线晶体学本身很大程度上是在皇家研究院创立的。

(a)

Friday, November 1

**M. F. PERUTZ, C.B.E., Ph.D., F.R.S., and
J. C. KENDREW, C.B.E., Sc.D., F.R.S.**

Chairman and Deputy Chairman of the Medical Research Council Laboratory of Molecular Biology, Cambridge, and Readers in the Davy Faraday Research Laboratory

STRUCTURE OF PROTEINS

Proteins are vital components of every living cell and one of the fundamental problems of biochemistry is to understand their modes of functioning. Protein molecules are so complex, containing thousands of atoms, that the classical methods of chemistry are inadequate. It has been necessary to invoke a physical technique—X-ray crystallography—and even with this, protein structures were only solved after many years of study and then by stages. The solutions of the structures of myoglobin and haemoglobin, which are to be described in the Discourse, were the first successful projects in this field.

Myoglobin, like haemoglobin, combines reversibly with oxygen and is a relatively small protein (mol. wt. 17,000) found in muscle cells. Haemoglobin is four times as large, and apart from general principles of protein architecture, its structure is of great physiological interest, in view of its function as a carrier of oxygen and carbon dioxide in the blood.

(*Members will recall that Dr. Perutz and Dr. Kendrew, who are Readers in the Davy Faraday Laboratory, shared the Nobel Prize for Chemistry last year for their work on protein research, and that there has been very close collaboration between their laboratory and ours.*)

Max F. Perutz

Chairman of the Medical Research Council Laboratory of Molecular Biology since 1962 and Director of the Unit bearing the same name since 1947. Educated at the Universities of Vienna and Cambridge. I.C.I. Research Fellow at the University of Cambridge 1945–47. Lecturer in Biophysics at the University of Cambridge 1953–57. Reader, Davy Faraday Research Laboratory, since 1954. Published papers on the crystal structure of proteins in various journals. F.R.S. 1954. Nobel Prize in Chemistry 1962. C.B.E. 1963.

John C. Kendrew

Deputy Chairman of the Medical Research Council Laboratory of Molecular Biology since 1962 and Deputy Director of the Unit bearing the same name since 1947. Fellow of Peterhouse, Cambridge. Reader, Davy Faraday Research Laboratory, since 1954. Fellow of Christ's College and Trinity College, Cambridge. Member …

(b)

图 58　两人合讲同一主题

（a）历史性的两人合办讲演布告。两位讲演者均是获得诺贝尔奖的戴维—法拉第实验室成员。（b）肯德鲁博士正在那个晚上做"蛋白质的结构"的讲演，时间是 1963 年 11 月 1 日。（c）两个人中的另一位成员佩鲁茨，由他的导师劳伦斯·布拉格爵士作画。

在 19 世纪到皇家研究院做过讲演的卓越欧洲科学家名单中有许多风采各异的人物，如俄国教育改革家和经济学家门捷列夫（图 59），作为元素周期律的制定者他更为人们所熟知；伟大的有机化学家杜马（Jean Baptiste Dumas）（法拉第的终生好友），他在 1848 年法国大革命以后成为农业部长，后任教育部长；坎尼扎罗（Stanislao Cannizzaro），意大利化学家，原先是加里波第军队的成员，因使得阿伏伽德罗假说（Avogadro's hypothesis）[41] 起死回生而出名。皇家研究院的科学家参与国际合作的一个迹象可以由一张 1891 年被选为研究院荣誉成员的列表来说明[14]。见识一下 1933 年 2 月由威廉·布拉格爵士制定的演讲日程中周五之夜演讲会和其他演讲会（包括周六下午）所覆盖的主题范围，

(a)

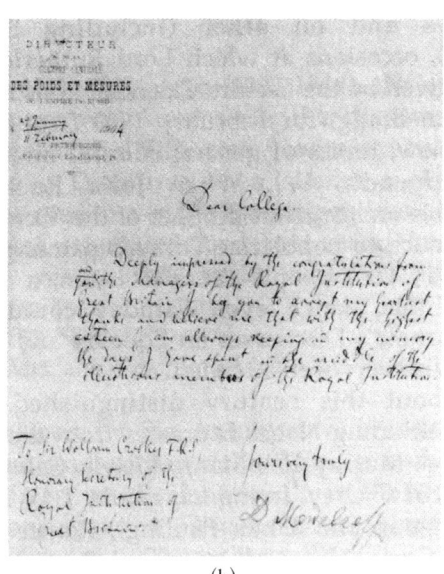

(b)

图 59　门捷列夫（1834—1907）

（a）他是托波斯克体育馆馆长的第 14 个也是最后一个儿子，发表有 300 余篇论文的多产作者，领域涉及艺术、教育和经济。他的最伟大的成功是元素周期表。他在 1889 年在皇家研究院做讲演，之后和皇家研究院的成员经常通讯。（b）门捷列夫给克鲁克斯爵士的感谢信（复制自皇家研究院档案）。

其中卢瑟福勋爵经常在周六有讲演（附录5）。像现在的情形一样，那个时候一般的文化兴趣已经获得宣扬（附录4）。当罗斯金——维多利亚时代孜孜不倦的卓越先知，一个做了许多普及特纳油画工作的人——宣讲"维罗纳"（Verona）[42]时，有1 144人出席聆听。这个数甚至超过了法拉第所能吸引到的人。阿诺德（Mathew Arnold）有关平等和爱默生的系列讲座也类似地吸引了大量听众。

贯穿这个世纪，许多杰出的外国科学家，包括诺贝尔奖得主曾经到皇家研究院来演讲，包括美国的康普顿（A.H. Compton），盖尔曼（Murray Gell-Mann），卡尔文（Melvin Calvin），霍夫曼，尤里（H.C. Urey），朗缪尔（Irving Langmuir），理查兹（T.W. Richards），布里奇曼（P.W. Bridgman）和鲍林（Linus Pauling）；法国的李普曼（Gabriel Lippman），居里，穆瓦桑（Henri Moissan）和佩兰；奥地利的劳伦兹（Konrad Lorenz），廷伯根（Nikolas Tinbergen）和薛定谔；荷兰的洛伦兹和塞曼；瑞典的阿累尼乌斯；德国的奥斯特瓦尔德和艾根（Eigen）；意大利的塞格雷（Emilio Segre）；西班牙的奥乔亚（S. Ochoa）以及其他国家的演讲者。演讲堂里也回荡着过去的岁月中其他伟大男性和女性人物的声音，激励着每一代人：戴维斯，帕里（Parry），默里（Gilbert Murray），特里维廉（G.M. Trevelyan），弗雷泽爵士（Sir James Frazer），霍克斯（Jacquetta Hawkes），塞耶斯（Dorothy Sayers），凯尼恩（Kathleen Kenyon），布兰特（Anthony Blunt），米德（Margaret Mead），斯彭斯（Basil Spence），凯利（Gerald Kelly），斯科特（Peter Scott），兰卡斯特（Osbert Lancaster），莫尔（Gerald Moore）和卡森（Hugh Casson）。

作者注

① 斯皮克（John Hanning Speke），另外一位伟大的探险家参与了尼罗河资源的发现，在1863年也给过一个相同主题的周二晚上讲演。斯皮克死于一次悲剧性的射击事故，而那一天按计划应该是他和另外一位伟大的探险家伯顿爵士（Sir Richard Burton）公开辩论的日子。

② 见《大不列颠皇家研究院文集》I.M. McCabe, Proc. Royal Inst. of G.B., 61, 283（1989）。

③ 安东尼·杰伊（Antony Jay）爵士，广播业者，作家，《是，部长先生》(Yes Minister) 和《是，首相先生》(Yes Prime Minister) 的作者，描述皇家研究院为"世界上最好的播音室"。[安东尼爵士在1990年给过一个讲演"懂得笑"，见《大不列颠皇家研究院文集》Proc. Royal Inst. of G.B., 62, 99,（1990）。]

④ 该讲演最后在新西兰国家电视台、英国和其他国家的学校播放。

⑤ 一本令人愉快的细述查尔斯·史密斯一生的书，书名是《逍遥派天文学家》，布鲁克（H.A. Bruck 和 M.T. Bruck）著。

⑥ 原文中用的词 benzol 现在拼作 benzene。

⑦ 这个演示是在泰勒教授的圣诞节讲座（1988—1989）中进行的。也可见泰勒，《讲堂演示的艺术和科学》(The Art and Science of Lecture Demonstration)。

⑧ 《皇家研究院：一篇非正式的历史》(The Royal Institution: An Informal History)，卡罗（Gwendy Caroe）著。

⑨ 这个主张由特斯拉和其他人提出。后者据说见证了一个事件，其间他能点亮离发电机20英里远的地方的200个50瓦灯泡，唯一传输的介质就是地球。

⑩ 前排杰出人物中，洛奇、瑞利、贝尔福和克鲁克斯等都对物理现象有很深的兴趣。

⑪ 见《大不列颠皇家研究院文集》, M. Kerker, Proc. of the Royal Inst. of G.B., 61, 229（1989）。

⑫ 见《大不列颠皇家研究院文集》, Mrs Alban Caroe, Proc. of the Royal Inst. G.B. 398（1966）。

⑬ 因为这项工作，阿斯特伯里后来成为利兹大学生物物理学教授，得到了皇家研究院阿克顿奖。这个奖自1844年以来每7年颁发一次。此前的得奖人包括居里夫人，表彰她放射活性物质的工作；谢林顿（Charles Sherrington）爵士，表彰关于神经系统的一体化行动的工作；弗莱明（Alexander

Fleming）爵士，因为发现和发展青霉素。
⑭ 荣誉成员的总数量限制在 25 位，包括君主、摄政王和皇家学会会长。目前名单中有 12 位诺贝尔奖得主，1 位获得日本国际奖，2 位获得沃尔夫奖。在 1891 年入选的部分成员有：巴斯德，贝特洛（Berthelot），本生，亥姆霍兹，威拉德·吉布斯（Willard Gibbs），纽科姆（Simon Newcomb），坎尼扎罗，门捷列夫，范德瓦尔斯（Van der Waals）和霍夫曼。在给皇家研究院秘书写的感谢信中，霍夫曼写道：

> 对法拉第，我佩服他，一个无与伦比的实验思想家。我热爱这个品德高尚的、心地善良的人。在 20 年里我有幸生活在可爱而古老的英格兰，我没有缺席他的任何一堂课。很难说我对这些课和大量的我出席的皇家研究院其他课程的感激有多深。常常在我自己的课程中，当展示一个很有启发的实验时，我很高兴能告诉我的学生们我在哪里看到谁第一次做了这个实验。

译者注

［1］ 贡布里希（1909—2001），奥地利出生的英国艺术史学家。
［2］ 阿伦尼乌斯（1859—1927），瑞典物理学家、化学家、物理化学的奠基人之一，1903 年获诺贝尔化学奖。
［3］ 艾里爵士（1801—1892），英国数学家、天文学家。
［4］ 奥斯汀（1835—1913），英国诗人，1896 年被命名为桂冠诗人。
［5］ 阿诺德（1822—1888），英国诗人。
［6］ 阿斯顿（1877—1945），英国化学家、物理学家，1922 年诺贝尔化学奖得主。
［7］ 玻色（1858—1937），印度博学家、物理学家、生物学家、植物学家、考古学家。
［8］ 贝克爵士（1821—1893），英国探险家，曾在奥斯曼帝国和埃及任帕夏和少将。
［9］ 贝特森（1861—1926），英国遗传学家。他最早使用遗传学这个词汇。
［10］ 约翰·英纳斯园艺研究所，位于伦敦南部英国重要植物研究基地，创建于 1910 年，现和另外两个机构合并，形成欧洲最大的植物科学和显微生物学的独立研究机构。
［11］ 贝克勒尔（1852—1908），法国物理学家，放射性的发现者之一，并因此

和居里夫妇分享 1903 年诺贝尔物理学奖。

［12］贝尔（1847—1922），杰出苏格兰裔美国科学家、发明家、工程师、电话的发明人。

［13］巴克拉（1877—1944），英国物理学家，1917 年因 X 射线谱和相关工作获诺贝尔物理学奖。他在剑桥大学求学时曾热心于国王学院教堂合唱团，并任男中音独唱。

［14］威廉·布拉格（1862—1942），英国固态物理学先驱。其子劳伦斯·布拉格（1890—1971），英国物理学家，X 射线晶体学家，1912 年发现著名的布拉格定律。父子俩人于 1915 年同获诺贝尔物理学奖。劳伦斯是历史上最年轻的诺贝尔奖获得者，时年 25 岁。

［15］赫尔曼德尔（1789—1850），英国 19 世纪彩色石印先驱人物之一。

［16］司帕爱，英文的原意是侦探或间谍。这里是英国著名漫画家沃德爵士（Sir Leslie Ward，1851—1922）的卡通画笔名。其作品常刊登在《名利场》（Vanity Fair）杂志。

［17］贝克勒尔（1788—1878），法国科学家，电现象和光现象研究的先驱者之一。

［18］霍夫曼（1818—1892），德国有机化学家。

［19］李比希（1803—1873），德国化学家，因发现氮是植物营养的关键成分而享有"化肥工业之父"的美誉。

［20］帕金（1838—1907），英国化学家，因合成第一个人工染料（苯胺紫）而闻名。

［21］马可尼（1874—1937），意大利发明家、电气工程师，无线电通讯的先驱，1909 年获得诺贝尔物理学奖。

［22］爱迪生（1947—1931），美国发明家。

［23］贝尔（1847—1922），英国科学家、发明家和工程师，电话的发明者。

［24］胡克（1635—1703），英国自然哲学家、建筑师和博学家。

［25］浪，长度单位，约 1/8 英里，或 201 米。

［26］巴洛（1812—1902），英国 19 世纪著名铁路桥梁工程师。

［27］这是英国诗人丁尼生（1809—1892）的著名短诗《拍岸曲》中的诗句。

［28］盎格鲁-撒克逊，5 世纪初从日德兰半岛和德国北部移民到英国的日耳曼部落。

［29］亚里士多德，古希腊哲学家。博雷利（1608—1679），文艺复兴时期意大利生理学家、物理学家、数学家。

［30］马雷（1830—1904），法国科学家，被广泛认为是连续摄影先驱之一。

[31] 利西波斯（公元前4世纪），古希腊最负盛名的3位雕塑家之一。
[32] 梅索尼埃（1815—1891），19世纪法国著名传统画家、雕塑家。
[33] 泽维尔（1946—2016），埃及裔化学家，因飞秒化学方面的贡献而获得1999年获贝尔化学奖，人称"飞秒化学之父"。
[34] 布莱克（1757—1827），英国诗人、画家，浪漫主义文学代表人物之一，1810年作有著名史诗《米尔顿》。1916年休伯特·帕里爵士为此诗的自序谱上音乐，改名为《耶路撒冷》，成为英国最受欢迎的赞歌之一。
[35] 穆瓦桑（1852—1907），法国化学家，因分离氟的工作获得1906年诺贝尔化学奖。
[36] 华莱士（1823—1913），英国博物学家、探险家、地理学家、人类学家和生物学家，进化论的先驱者之一。
[37] 洛厄尔（1855—1916），美国商人、作家、数学家、天文学家。
[38] 特斯拉（1856—1943），塞尔维亚裔美国电机工程师、机械工程师、发明家、物理学家，对现代交流电力系统的设计做出过显著贡献，在电磁场领域有着多项革命性的发明。磁场强度单位以他的名字"特斯拉"命名。
[39] 贝尔德（1888—1946），苏格兰科学家、工程师，世界上第一台电视机的发明人。
[40] 伍利爵士（1880—1960），英国考古学家。其最重要的工作就是对美索不达米亚的乌尔（Ur in Mesopotamia）的考古挖掘。
[41] 阿伏伽德罗假说，后称作阿伏伽德罗定律：在同温同压下，同体积的气体含有相同的分子数。
[42] 维罗纳是意大利一个城市名。这里则是约瑟夫·特纳所作的名画的名字。

第 8 章

科学的普及

法拉第曾经这样写道:"一堂真正的普及演讲不能成为教学课,而一次真正的教学课不能成为普及讲演。"无论这是真实的实践,或者仅仅是一种说法,皇家研究院持续为普及科学做着努力,至今为止延续着1826年最初开始的形式。法拉第强调这样的观点:夜间讲座既有教育性和陶冶性的同时,也应该有趣味和娱乐性,而最重要的是应该有启发性。这些仍然是皇家研究院管理大量教育活动的原则。因为在劳伦斯·布拉格爵士(1890—1971)、波特爵士(后为勋爵)(1920—2002)以及他们的继承人的主持倡导下,这些活动现在已扩展到为中学男女生设立数学和技术大师班(除研究院自己这样做以外,在全英国另有25个类似的中心),为中学教学大纲提供加强项目,以及拍摄特别的影视科教片(其主题诸如"几何形状和透视"和"色彩"等)。对于年轻人来说,每年的亮点是圣诞节系列讲座。该讲座自1966年以来,由英国广播公司在全国范围电视播放,现在则以简短的版本在下一年的夏天为日本的中学生们重播。圣诞节讲座的录像带如今已经进入世界市场①。

图 60　法拉第正在 1855 年的圣诞节讲座中讲演

最著名的系列圣诞节讲座仍然是那些由法拉第讲演的《蜡烛的化学史》。1860 年 12 月，面对聚集在皇家研究院讲演厅里听讲的众多青少年，在他 6 节课的头一讲的开场导言里，他是这样说的：

> 我以前选过这个主题②。假如按我自己的意愿，我宁可几乎年年重复这个主题——和它相关联的趣味是那么丰富，它提供的通向哲学的不同方面的各种各样的路径是那么精彩。没有一个控制我们这个世界任何部分的定律不被用到，或者不在我们解释现象时被简略地阐述。没有比关注一根蜡烛的物理现象更好的路径和

更多的大门让你步入学习自然哲学的殿堂。因此我相信，我将不会因为选了这个老题目作为我的主题而没有选任何更新的课题让你们失望。新的课题即便非常好，也不会比这个更好。

在我继续讲下去之前，请允许我再说几句——虽然我们的主题是如此的伟大，我们又有意诚实地，认真地，理智地对待它，我有意越过我们中间的前辈，以年轻人的身份要求享用与年轻人说话的权利。以前我曾经这样做过，如果你们高兴的话，我可以再做一次。虽然我站在这里拥有可以向全世界宣讲的知识，但是，这并不妨碍我在此以同样熟悉的方式，对那些我所尊重的、现在就在我身边的人讲演。

现在，我的孩子们，我必须首先告诉你们蜡烛是什么制成的。有些材料是非常奇怪的。我这里有一些木头和树枝，它们以能燃烧而为大家所熟悉。这儿你们看到的是一块从爱尔兰某个沼泽地取来的非常奇妙的东西，叫做蜡烛木，是一种又硬又坚实的优质木料，显然可适用于抗外力。同时它燃烧得那么好，以至于在它的产地人们把它做成细条，成为火把，因为它能像蜡烛样燃烧。事实上它的确能提供很好的光亮。在这块木头里，我们有着我所能给予你们的关于蜡烛一般性质的最美妙的例证之一。燃料有了，把燃料输送到化学反应位置的途径也有了，又渐渐地有规律地把空气输送到反应位置，——产生热和光——所有这一切都由这样一块小小的木头提供了，形成了一根自然的蜡烛。

这些话和接下去的话，加上法拉第为圣诞节讲座以文字的形式描述的简单实验的精细顺序，使得他的《蜡烛的化学史》成为科学史册中的经典。由克鲁克斯——一个杰出会员和皇家研究院事务积极参与者（皇家学会会长，1913—1915），参见图61——所撰写的美妙言辞作为再版前言更为此书增添了魅力。

从原始的松木火把到石蜡蜡烛，多么宽的间隔！它们之间该有多么巨大的对比啊！人类晚上在房间里用于照明的这些方法，立即将他自己在文明的标尺上打上印记。远东的液状沥青在烘烤下的地球原始的脉管中熊熊燃烧；伊特鲁里亚

图61　克鲁克斯爵士
辐射计和以他的名字命名的真空管的发明者，铊元素的发现者，在不同时期任化学学会、电气工程师协会、化学工业学会、英国科学协会及皇家学会的主席。

灯玲珑精致的造型，却和它的办公室极不相称；鲸鱼、海豹或者熊的油脂，弥漫在因纽特人或者萨米人的小棚屋里，发出异香气味而不是光亮；巨大的蜡烛在闪闪发亮的祭坛上，一长溜的煤气灯挂在我们的大街上。所有这些都有故事要向人们倾诉。假如它们能开口说话（依照它们自己的方式，它们能做到），它们都能通过述说来温暖我们的心，告诉我们它们是怎样为人类舒适的生活、对家的热爱、劳碌和忠诚服务的。

当然，在久远的年代早已去世的数百万火的崇拜者和使用者中，一定有些人对火的神秘有过深思，或许有些聪明的头脑已经精明地猜测到几乎接近真相。想一想那时的人们生活在不可救药的无知年代；想一想那个年代一个人可能要花一辈子的时间才能

知道真相。

　　一个原子接着一个原子，一环扣着一环，推理的链子就是这样锻造成的。有些连接环做得太快，太不坚固了，它们已经被放弃了，被更好的工作替代了。但是现在这些壮观的现象已经被认识了——它的轮廓被正确地，确信不疑地绘制出来——狡黠的艺术家们增添了其余的部分。一个能领会这些讲座的孩子比亚里士多德对火知道得更多。

　　现在蜡烛本身制造出来是为了照亮自然界黑暗的地方；吹风管和棱镜增加了我们关于地球外壳的知识；但是火炬一定是最早出现的。

　　在这本书的读者中，少数一些人可能在将来会为增加知识的故事而奉献自己：科学之灯必须长明。"众人拾柴火焰高"。[1]

琼斯爵士（Sir James Jeans）——一名杰出的天文学家和专业音乐家——在1933—1934年做了圣诞节讲座。基于该讲演稿内容他出了本很有影响力的书《穿越空间和时间》（*Through Space and Time*）。这本书后来激励了几代年轻科学家。这本书的前言囊括了圣诞节讲座系列的精髓：

　　一个多世纪以来的每一年，皇家研究院会邀请一些搞科学的人在圣诞节期间以一种"适合青少年听众"的形式做系列讲座。实际上，这个相当古雅的词语意味着演讲者将会面对迫切和具有批评性的听众。从年龄上看他们会从8岁以下到80岁以上；从科学知识的角度看，他们从如同上述的8岁以下的孩童到稳重古板的科学教授和受人尊敬的皇家学会会员。他们每一个人都期望着演讲者能说些令他本人感兴趣的东西。

这本书含有我在1933—1934年的圣诞节期间有幸受邀做这种演讲的内容，再由在皇家研究院或在其他地方一些更为严肃场合的演讲内容进行充实和完整。

图62　法拉第的肖像
此时约60岁。麦圭尔（McGuire）作。

他的书的引言部分施展出了天文学的魔力，这是至今所完成的162期讲座的选题中最流行的主题：

> 在这些忙忙碌碌的日子里，每个人只要有可能都会去旅行。我们中间最幸运的人可能已经旅行到欧洲以外的大陆——甚至或许已经周游了世界，——并在旅游途中看到了新奇的景点和风景。现在，我们要开始在整个宇宙中进行一次最长的旅行。我们将出行——或者假想去旅行。至此我们穿越了空间，使得我们的地球在阳光中看起来比最小的尘埃还要小；我们穿越了时间，整个人类历史将缩短成时钟的滴答一声，一个人的整整一生比一眨眼的瞬间还要短。
>
> 当我们在空间旅行，我们将试着画一张宇宙的图画，就像它现在这样——巨大的空间不可思议的开阔和令人恐惧的荒凉，只有稀稀拉拉散布其间的冰冷而无生命的小颗粒，以及更为稀少的我们称之为星星的那些活灵活现的由燃烧气体组成的球，间或能

补偿那极度的空旷。大多数这样的星星是穿过宇宙空间孤独的流浪者，虽然在这儿或者那儿，我们也许可能发现有颗星星能给环绕着它的一组行星家庭带来温暖和亮光。但是几乎没有和我们自己的地球类似的星星；大部分星星是那样的不同以致我们简直不能描绘它们的景色，或想象它们的物理条件。

圣诞节讲座所涉及的学科，从音乐到分子，从观察极小物体（通过电子显微镜）到探索极大空间（运用天文学），从动物的语言——由阿滕伯勒（David Attenborough）于 1973—1974 年，在他成为世界级大名鼎鼎的电视影星之前精辟地阐述——到按照格列佛规则所进行的激动人心的大大小小的探险（图 63—图 65）。迄今为止这一系列讲座里只

图 63　劳伦斯·布拉格爵士 1961 年做关于"电"的圣诞节讲座（来源于悬挂在皇家研究院的画）

图 64　1976—1977 年波特爵士做圣诞节讲座时的情景

肯特公爵殿下（HRH The Duke of Kent）位于前排，位于他两侧的是安德鲁王子殿下（HRH Prince Andrew）（左）和圣安德鲁斯伯爵（the Earl of St Andrews）（右）。

有一次是以数学为中心思想的。齐曼（Erik Christopher Zeeman）（皇家研究院数学教授）在 1979—1980 年 12 月至 1 月间所做的讲演"数学成图"中把他的主题处理得如此成功，以至于在公众的要求下促成了在英国各地定期举办的皇家研究院数学大师班。齐曼用以下的词句介绍了数学的本质和自然世界的数学：

> 这是 149 年以来第一次圣诞节讲座青睐于数学。可能因为这是一个奇异的学科：我们从来不十分清楚它是一门艺术呢还是一门科学，是我们创造的还是仅仅发现的，是人造的玩具还是一种因为那么通用以至于独立于宇宙的真理。它是人类所致力的最古

老和最辉煌的事业之一。有些人热爱它而有些人却憎恨它。它可以是非常纯粹的，其发展模式取决于它自身固有的对美的评估标准，或者它可以是非常实用的，其发展模式取决于它的科学实用性。因此，我们将从纯粹的视角开始，先花3节课来看看数学的本质。然后，我们要转到应用的角度，花最后的3节课时间来看看大自然的数学。

什么是数学的本质？好吧，它是由定理及其证明构成的。因此我们将选择几个雅致的小

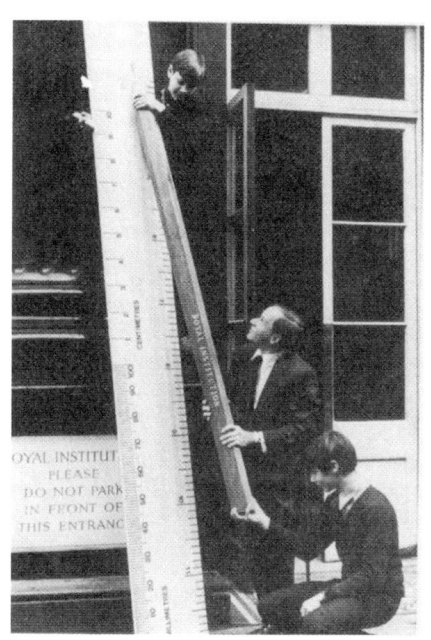

图65　当麻省理工学院的莫里森（Philip Morrison）教授[2]作有关"格列佛规则"的圣诞节讲座时，院长的两个儿子帮他放置讲演时要用的、比正常尺寸大12倍的铅笔和尺子

定理并证明他们。我们选择小定理是因为小的东西容易表述以及证明简短。然而我们挑选雅致的定理是因为它们的证明是微妙的以及令人惊奇的，是一些首次发现或创建它们的数学家们的胜利成果。我们要选那些即抓获主题的精髓又概括其风格的定理，那些被数学家视为许多想法和结果的缩影；就好比一位文学批评家有可能看到莎士比亚的伟大被包含在一首十四行诗里，或者一位艺术史学家可能将一幅马萨乔（Massaccio）的画作看作是文艺复兴的写照。为了帮助我们理解，我们要用许多的图表和图片，因为视觉是我们理解数学的基础，它能使我们观察到事物的全貌。

当然，为了求证和计算，我们有时不得不使用数字和符号以及其他数学工具。但是这些工具的技术细节常常令我们只见树木不见森林。此时我们的视觉通过帮助我们感觉整体形貌来补救，尽管初始的问题可能原本与几何形状无关。这就是为什么这次讲座称为数学成图，意思是用图片来理解数学。

皇家研究院的圣诞节讲座有三个有趣的特点。第一是，面向各行各业的人群。许多人会说，他们第一次领悟到科学的兴趣是从他们在孩提时代到皇家研究院听了一次圣诞节讲座。几乎无一例外地，他们不会说："演讲者告诉了我们什么"而会说"我们看到了什么"。正是实验演示产生了生动和持久的印象。在 1991 年 3 月的一次与《格拉斯哥先锋报》的访谈中，诺贝尔获奖者（也是皇家研究院的荣誉会员）霍奇金（Dorothy Mary Hodgkin）[3]解释说：1923 年，她十几岁时去听了威廉·布拉格爵士"论事物的本质"的圣诞节讲座，使她确信她应该成为一个科学家。

圣诞节讲座的第二个特点：大量流行的科学书籍是以其演讲内容作为基础的。因为演讲人通常会在事后受邀将讲座的内容写成书的形式出版。在过去的 130 年里，大约共有 50 册左右最流行的科学书籍是以这种方式在英国出版发行的。第三个特点：电视的影响力。现如今当讲座在圣诞节与新年之间播放时，合计收视人数大约有 600 万至 800 万。随后一年里的重播又加上 400 万至 500 万。此外，当圣诞节讲座的简缩版在日本播出，由此摘录的节目又经东京电视转播，从而使少年儿童的收视人数从皇家研究院演讲厅的人数大幅度增加。所有这些都会使法拉第九泉之下感到欣慰的。

将法拉第做的19次圣诞节系列讲座期间少年儿童出席人数与一位在英国近几十年来为中小学生开课最成功的演讲人之一查尔斯·泰勒（Charles Taylor）③教授的听众相对比是很有趣的。泰勒教授曾经做过两次关于探索音乐的圣诞节讲座系列，并获得了巨大的成功。法拉第的演讲厅内听众总计约有85 000人。泰勒的皇家研究院演讲厅内听众接近5 500人，但是他的电视观众远远超过两千万。

［泰勒也许是在整个欧洲为孩子们（7岁至18岁）举办讲演、演示最多的人。在过去的20年里，他定期地每年在皇家研究院给近1 000个（总数已达3万）孩子讲演。这些孩子涌向演讲厅，以法拉第所喜欢的方式，接受启发、教育和款待。］

"他们有他们的出口和入口"

那些准备用圣诞节讲座系列来捕捉年轻孩子们心和触及他们思想的演讲人，用一个艺术大师劳伦斯·布拉格的话来说，他们在选择演示实验时更看重内含"震撼力"而不是基本的教育学内容。另一方面，讲座的演讲者对后者不那么在意。超过165年以来的2 000多演讲人采用的演讲风格是有极大的差别的。我们意识到一次演讲是否成功取决于最初的10分钟。我们可以饶有兴趣地回顾，多年来演讲者是如何使用各种各样的策略来捕捉皇家研究院听众的注意力；演讲者又是如何结束他们的演讲的。以下的摘录，除非另有注释，都出自《皇家研究院文集》。它们被选用是因为它们本身的优秀，它们描述了主题讨论的范围以及当时属于这些主题的知识状态。

1878年1月25日，尊敬的赫胥黎（皇家研究院的富勒生理教授，1883—1885 年的皇家学会会长）讲述"威廉·哈维（William Harvey）"[4]——那一年人们纪念他诞辰 300 周年。赫胥黎是作为"达尔文的猛犬"留在人们记忆里的。然而，他本人也是一个伟大的科学家。他是一位自学成才的人，只在 8 至 10 岁上过学，并自学了 5 种外语，而后又在皇家海军成为一名助理外科医生。作为一个强悍的辩论家和优秀的文体家，他为消释宗教和蒙昧主义对进化论的反对作了大量的工作。他是这样开始谈论哈维，那位在 1878 年诞辰 300 周年之际受到人们纪念的人的：

> 针对哈维对高等动物生理基本问题阐述的贡献的确切本质和价值存在着许多不同观点。从那些认为他没有任何可取之处（真的，有的观点严厉地指控他有剽窃的过错）到那些将他捧上至高无上的荣誉地位，认为他是伟大的科学发现者之一。对于哈维为获取成果而采用的方法，他因此而闻名，所引起的争议一点也不少。我想，人们期望围绕这些问题的看法不应该再模棱两可；我将对有关哈维的专题论文库添加我的微小贡献，它们有望今年能出版，希望能对隐晦聚集的地方阐明几个观点。这些问题部分是因为意外因素，部分则是因有意酝酿而引发的。

赫胥黎的结束语是一段与当时活体解剖者和他们的对手之间的辩论高度相关的短评：

> 事实上，在任何一种情况下，生理学的问题都不能够仅仅从死的结构推理分析告诉我们：当它还是一个活的身体上的一个活

的组成部分时,它到底扮演了哪一部分的作用。生理学试图发现至关重要的活动规律,然而这些规律很明显地肯定只能通过在活体上观察和做实验才能得到。

在血液循环的情况下,如同其他所有的生理学学说,除去真相,即那些已经对活体的观察和实验证实了的真相,那么整个结构就溃散了。盖伦(Galen of Pergamon)[5],哥伦布,哈维都是伟大的活体解剖论者。在哈维逝世7年以后,马尔皮基(Marcello Malpighi)[6]做的最后的血液循环目镜演示——他所提出的整个构造的基石——包括在一只活体青蛙身上的实验。

小说家、记者、具有科学远见的人及百科全书作家威尔斯[7]于1902年1月24日做题为"发现未来"的演讲时,他全神贯注于人生活在一个荒凉的、但最终被征服的宇宙里。这些想法经过演变大量地被用于他日后的小说和论战文章中。他是这样开始的:

图66 赫胥黎

皇家研究院的富勒生理和比较解剖学教授,后来成为皇家学会会长。

最便于引出我的主题的莫过于对比和区分两种有分歧的思维方式。这两种方式的主要区别在于对时间的态度,特别是在于他们对待未来事物的重视程度相对有多大,以及给予的思考相对有多少。

这两种类型思维的第一种——我想是占优势的，是大多数活着的人具有的——是对未来几乎完全没有思考，这些人认为那是一个并不存在的黑洞，比它更有积极意义的现实则记述实际发生的事件。第二种类型，我认为是更为现代却不流行的思维方式，这些人一直在思考和优先考虑将会来临的事物，以及现实事件，但主要着眼于它们必然会导致的结果。前一种思维方式，如果一个人娴熟于此，会习惯于追溯过去，对现实事物的解释，肯定一些事物和否定另外一些事物，完全与过去相关联。后一种方式习惯于建设性思维，它解释现实事物，并评估这个或那个，但完全与计划好了的和预见的事物有关。

接下来在概括对科学方法的个人看法时，他表明：

但是，你们将会懂得科学过程的要领不是收集事实，而是对事实的分析。事实是科学的原材料，不是科学的实质；是分析给了我们所有成熟的知识。你们知道科学的目的，试验以及科学过程的合理性判断不是在市场上适销对路的把戏，而是预言。除非一种科学理论能给出有自信的预测，你们知道，它还是不完善的、还是探索性的；它仅仅是推理，像艺术演讲那样容易被遗忘，或像幽灵般政客的空谈。比如说，美妙的引力天文学的主体奠定于一定的恒星运动预测之上，如果不是这些精确无误的预测，你们绝对会拒绝相信它的惊人的断言。整个医学科学界追求并声称具有诊断的能力。气象学持续不断地追求预告，除非它确实能预告，它将永远不能站在荣誉的领奖台上。一个化学家在发现元素之前就能预测它们的存在——这严格讲是他的自夸。克拉克·麦克斯韦在实验面前头脑里产生的美妙思维方式，预言了马可尼后来做出来的许多东西，已经为我们大家所熟悉。我们对这些都很熟悉。所有的应用数学解决了预测事物所需的运算，否则只能通过尝试来决定。甚至在非科学的学科里，如政治经济学，也已有预测。

"从陆地和海洋"，威尔斯说，"有可能出现新的动物把我们当作猎物，还可能会有毒品或毁灭性的疯狂侵入人类的头脑。"他继续说：

> 最后，有个合理的确定事件，那就是我们的太阳肯定会在某一天自我辐射至耗尽消亡。至少这件事会发生；它将会变得越来越冷，它的行星将会绕行得越来越缓慢，直到某一天我们的这个地球，没有了季节而且移动缓慢，将会死亡和冰冻，所有生活在地球上的生灵将随之被冻掉和完蛋。人类肯定要灭亡。所有的这些噩梦都是最不可置疑的。然而也有人不相信的。至少我不相信。我不相信这类事情，因为已经坚信一些其他的事情：相信世界的连贯性和坚韧性，相信人类命运的伟大。世界可能冻结，太阳也许毁灭，但是我相信现在已经在我们体内运行的某些个东西将永远不会再死去。

他的演讲在幻想的情绪中达到了高潮：

> 我们处在人类从未经历过的最伟大变革的开端，没有震撼，也没有划时代的事件；但是多云黎明的出现也没有震撼。我们在

任何情况下都不能说,"从现在开始——刚才最后一分钟是黑夜,现在是早晨"。但是我们在不知不觉中就进入了白天。假如我们留心一下,我们就能预见增长着的知识,增加着的秩序,和随即带来的人种生命和性格特征的刻意改良。我们能看到和想象到的为我们提供措施和信心来获得超越想象力的东西。

我们有可能相信过去的一切只不过是一种开端的起始,一切发生着的和已经发生的事件都仅仅是黎明时的曙光。也可以这么认为,所有人类头脑里完成的工作只不过是苏醒之前的梦。

我们见不到,我们也不需要见到,当这一天降临时世界将是怎样的。我们已是暮光精灵。但是,根据我们种族和血统,比我们更聪明的人将接踵而来,他们将有能力反思我们所有的局限性,会比我们更加了解我们所知甚少的自己,并将无畏地向前去了解绚烂的未来。这个世界因承诺太大的事而承担过重。那一天终将会来临——那是日复一日无尽岁月中的一天,那时精灵,那些现在潜伏在我们的思想里和躲藏在我们身上的精灵,将像一个人站在一张脚蹬上那样站在这个地球上,大笑,并把他们的双手伸向群星之间。

由威尔斯构思的一些思想和观点的回音和反响以及在他那个时代完全不可想象的全新领域中的故事,在贯穿 21 世纪的随后几十年中,人们一直在皇家研究院的演讲厅里听到和看到。

作者注

① 由美国"人文与科学电影公司"经营。P.O Box 2035, Princeton, NJ 08543-2053, USA.
② 1848—1849 年。

③ 泰勒（1922—2002），原卡迪夫南威尔士和蒙茅斯郡大学学院物理学教授（1965—1983），皇家研究院物理学教授（1977—1989），皇家研究院颁发的迈克·法拉第奖的首位获奖者（1986年），表彰其普及科学方面的贡献。

译者注

［1］ 原文是拉丁语"Alere flammam"，众人一起努力来维持火焰的意思。
［2］ 霍奇金（1910—1994），英国化学家。她发展了X射线晶体学并用它确认青霉素和维生素B12的晶体结构，1964年获得诺贝尔化学奖。
［3］ 莫里森（1915—2005），美国麻省理工学院物理学教授。他1968年的圣诞节讲座的题目是："格列佛规则：大和小的物理"。
［4］ 哈维（1578—1657），英国医生。在前人的工作基础上，他最早完整地详细地描述了系统循环和血液由心脏泵出，流向大脑及身体各部分的性质。
［5］ 盖伦（129—200/216），古罗马著名内科医生、外科医生、哲学家。
［6］ 马尔皮基（1628—1694），意大利内科医生、生物学家，人称"显微解剖学和组织学之父"。
［7］ 威尔斯（1866—1946），英国作家，最著名科幻作家之一。代表作有《世界大战》（*The War of the Worlds*），《时间机器》（*The Time Machine*），《隐身人》（*The Invisible Man*）和《莫洛博士岛》（*The Island of Doctor Moreau*）。

尾 声

1866年，在一次英国科学协会的会议上，成立了一个包括廷德尔和赫胥黎在内的委员会，意在考虑学校科学教学的场所。最终通过他们的游说，当时的政府于1870年建立了一个皇家事务监察委员会。为了向这个监察委员会作证，杰出的美国科学家、史密森学会首任会长、后任美国科学院院长的亨利（Joseph Henry）说了以下的话（他的职业生涯与法拉第以异乎寻常的方式并行，包括他们的卑微的出身和对电磁感应的兴趣和发现。）：

我一直将皇家研究院的创建视为一个模范，为英国争得荣誉，并对世界产生巨大的影响。按平均比例计算，从这个机构涌现出来的名人远多于地球表面的任何一个地方。

读者必须自己评判这一说法到现在是否仍然有道理。

附录1 法拉第的讲演和文献
（1832—1834）

讲　　演

1832 年

1月27日　Dr Johnson's remarks on the reproductive power of planariae. （约翰逊博士关于涡虫再生能力的评注）

2月17日　Recent experimental investigation of volta-electric or magnetic-electric induction. （伏打电或磁场电感应的最近实验研究）

3月2日　Magnetic-electric induction and the explanation it affords of Arago's phenomena of magnetism exhibited by moving metals. （磁电感应以及对移动金属所呈现的阿拉戈磁现象的解释）

3月30日　Evolution of electricity naturally and artificially by the inductive action of the earth's magnetism. （地球磁感应作用下天然和人工电的变化）

5月18日　The crispations of fluids lying on vibratory surfaces. （振动表面上液体的皱波）

6月4日　Mordan's machinery for manufacturing bramah's locks. （制作布拉玛锁的莫登机械）

1833 年

2 月 1 日　The identity of electricity derived from different sources.（不同来源的电的统一性）

2 月 22 日　The practical prevention of dry rot in timber.（木材干腐的实用预防）

3 月 1 日　An investigation of the velocity and nature of the electric spark of light.（对光的电火花的速度和本质的研究）

3 月 29 日　Mr Brunel's new mode of constructing arches.（布鲁内尔先生建造拱桥的新模式）

5 月 3 日　The mutual relations of lime, carbonic acid and water.（石灰、碳酸和水的相互关系）

1834 年

1 月 24 日　The power of platina and other solid substances to determine the combination of gaseous bodies.（铂和其他固态材料在测定气态物质结合方面的能力）

2 月 14 日　The principle and action of Ericson's caloric engine.（埃里克森热引擎的原理和机能）

3 月 7 日　Electro-chemical decomposition.（电化学分解）

4 月 11 日　The definite action of electricity.（电的确切作用）

5 月 24 日　On a new law of electric conduction.（一个电传导的新定律）

6 月 13 日　New applications of the products of caoutchouc or Indian rubber.（天然橡胶或印度橡胶产品的新应用）

出 版 物

1832 年

1. Experimental researches in electricity. 2nd series. 5. Terrestrial magneto-electric induction. 6. Force and direction of magneto-electric induction generally. *Phil. Trans*. 1832: 163-194 (Bakerian lecture, read Jan. 12.)（"电的实验研究"第 2 系列讲座。第 5 讲：地面上的磁电感应；第 6 讲：磁电感应通常的力和方向。贝克讲座，1 月 12 日宣讲）

2. On the Planariae. *Phil. Mag*. 1832, 11: 299.（论涡虫）

3. On the first two parts of his recent researches in electricity: volta-electric induction, and magneto-electric induction. *Phil. Mag.* 1832, 11: 300–301.（他最近电学研究的前两部分：伏打电感应及磁电感应）
4. On the explanation of Arago's phenomena of moving metals by magneto-electric induction. *Phil. Mag.* 1832, 11: 462.（关于磁电感应导致金属移动的阿拉戈现象的解释）
5. Letter deposited at Royal Society on a theory of progressive magnetism. *Wireless World*, 1938, 42: 400–401.（收藏于皇家学会有关渐进式磁性理论的信件）
6. Terrestrial magneto-electric induction. *Phil. Mag.* 1832, 11: 465–466.（地面上的磁电感应）
7. Crispations of fluids. *Phil. Mag.* 1832, 1: 74.（流体的皱波）
8. On Mordan's apparatus for manufacturing Bramah's locks. *Phil. Mag.* 1832, 1: 75.（论用于制作布拉玛锁的莫登机械）
9. Syllabus of a course of five lectures upon some points of domestic chemical philosophy ... 2nd June–30th June, Report of last lecture in *Lit. Gaz.* 1832: 425.（有关国内化学哲学的一些要点，含5讲的课程教学大纲，6月2日至6月30日。最后一讲的报告发表在《文献报》。）
10. On the new fowling piece of Wilkinson and Moser. *Lit. Gaz.* 832: 378.（论威尔金森和莫泽的新鸟铳）
11. On the electro-motive force of magnetism. By Signori and Antinori; from the *Antologia*, no. 131: with notes by Michael Faraday. *Phil. Mag.* 1832, 11: 402–413.（论磁的电动势，西格诺里和安蒂诺里著，转自《文集》131号，迈克尔·法拉第注解。）
12. New experiments relative to the action of magnetism on electro-dynamic spirals, and a description of a new electro-motive battery. By Signor Salvatore dal Negro; with notes by Michael Faraday. *Phil. Mag.* 1832, 1: 45–49.（磁对电动螺旋作用的一些新实验和一种新型电动电池的描述，萨尔瓦多·内格罗著，迈克尔·法拉第注解。）
13. Account of an experiment in which chemical decomposition has been effected by the induced magneto-electric current. By P.M.; preceded by a letter from Michael Faraday. *Phil. Mag.* 1832, 1: 161–162.（关于受磁电感应电流影响的化学分解的实验报告，以迈克尔·法拉第的一封信作前言。）
14. Letter à M. Gay-Lussac sur l'électro-magnétisme. *Ann. Chim.* 1832, 51:

404-434.（关于电磁学给盖·吕萨克的信）

1833 年

15. Six lectures on chemistry. *Lit. Gaz.* 1833: 11.（6 节化学讲义）
16. Experimental researches in chemistry. 3rd series. 7. Identity of electricities derived from different sources. 8. Relation by measure of common and voltaic electricity. *Phil. Trans.* 1833: 23-54（read Jan. 10 and 17）.（"化学实验研究"第 3 系列。第 7 讲：不同来源的电的统一性；第 8 讲：普通电和光伏电测量的关系，于 1 月 10 日和 17 日宣讲。）
17. On the identity of electricity derived from different sources［title from ms. notes］. *Phil. Mag.* 1833, 2: 312.（论不同来源的电的统一性）
18. Report of committee appointed by the Royal Society to examine the proof standard for alcohol, F. a member of this committee and presented its report on Feb. 12, 1833.（由皇家学会指定的委员会报告：检查酒精的证明标准。法拉第是该委员会的成员，于 1833 年 2 月 12 日作此报告。）
19. On the practical prevention of dry rot in timber; being the substance of a lecture delivered by Professor Faraday at the Royal Institution, February 22, 1833. With observations, etc. London. J and C Adlard, Printers, Bartholomew Close, 1833. Reports appeared in *Phil. Mag.* 1833, 2: 313 -314; *Lit. Gaz.* 1833: 136, and *Athenanaeum* 1833: 139.（论木材干腐的实用预防。这是法拉第教授 1833 年 2 月 22 日在皇家研究院讲演的内容。）
20. Investigation of the velocity and other properties of electric discharges［title from ms. notes］. *Lit. Gaz.* 1833: 152.（放电的速度和其他性质的研究）
21. Address delivered at the commemoration of the centenary of the birth of Dr Priestley. *Phil. Mag.* 1833, 2: 390-391.（在普利斯特利博士诞辰 100 周年纪念会上的致辞）
22. On Mr Brunel's new mode of building arches［title from ms. notes］. *Lit. Gaz.* 1833: 217.（论布鲁内尔构造拱桥的新模式）
23. On the mutual relations of lime, carbonic acid and water. *Lond. Med. Gaz.* 1832-1833, 12: 191-192.（论石灰、碳酸和水的相互关系）
24. Experimental researches in electricity. 4th series. 9. On a new law of electric conduction. 10. On conducting power generally. *Phil. Trans.* 1833: 507-522（read May 23）.（"电的实验研究"第 4 系列讲演。第 9 讲：论电传导的一

个新定律；第 10 讲：传导能力概论。于 5 月 23 日宣讲。）

25. On a new law of electric conduction [title from ms. notes]. *Lit. Gaz.* 1833: 345. （论电传导的一个新定律）

26. Experimental researches in electricity. 5th series. 11. On electro-chemical decomposition. *Phil. Trans.* 1833: 675–710（read June 20）. （"电的实验研究"第 5 系列讲演。第 11 讲：论电化学分解，于 6 月 20 日宣讲。）

27. Notice of a means of preparing the organs of respiration, so as considerably to extend the time of holding the breath; with remarks on its application, in cases in which it is required to enter an irrespirable atmosphere, and on the precautions necessary to be observed in such cases. *Phil. Mag.* 1833, 3: 241–244. （记一种研制呼吸器官的方法，使其能明显地延长屏气，对其在不适合呼吸的环境下应用性的评价，以及在这些情况下必须看到的预防措施的评估。）

1834 年

28. Experimental researches in electricity. 6th series. 12. On the power of metal and other solids to induce the combination of gaseous bodies. *Phil. Trans.* 1834: 55–76（read Jan. 11）. （"电的实验研究"第 6 系列讲演。第 12 讲：论金属和其他固体诱导气体物质结合的能力。）

29. Experimental researches in electricity. 7th series. 11. On electro-chemical decomposition（continued）. 13. On the absolute quantity of electricity associated with the particles or atoms of matter. *Phil. Trans.* 1834: 77–122（read Jan. 23, Feb. 6 and 13）. ["电的实验研究"第 7 系列讲演。第 11 讲：论电化学分解（续）；第 13 讲：论与物质的颗粒或原子相关的电的绝对量，于 1 月 23 日和 2 月 6 日、13 日宣讲。]

30. On the power of the platina and other solid substances to determine the combination of gaseous bodies. *Athenaeum* 1834: 90–91. （论铂和其他固体物质决定气体物质结合的能力）

31. On the principle and action of Ericsson's caloric engine. *Phil. Mag.* 1834, 4: 296. （论埃里克森热引擎的原理和功能）

32. On electro-chemical decomposition. *Athenaeum* 1834: 209. （论电化学分解）

33. On the definite action of electricity. *Athenaeum* 1834: 296. （论电的确切行为）

34. Experimental researches in electricity. 8th series. 14. On the electricity of the voltaic pile; its source, quantity, intensity, and general characters. *Phil. Mag.* 1834:

425-470（read June 5）.（"电的实验研究"第 8 系列讲演。第 14 讲：论伏打堆的电：它的来源、电量、强度及综合特性，于 6 月 5 日宣讲。）

35. On new applications of the products of distilled caoutchouc［title from ms. notes］. *Lit. Gaz.* 1834: 435.（论蒸馏橡胶产品的新应用）
36. On the magneto-electric spark and shock, and on a peculiar condition of electric and magneto-electric induction. *Phil. Mag.* 1834, 5: 349-354.（论磁电火花和电击以及电和磁电感应的一个奇异条件）
37. Additional observations respecting the magneto-electric spark and shock. *Phil. Mag.* 1834, 5: 444-445.（关于磁电火花和电击的更多观察）
38. Report from Select Committee on Metropolis Sewers. *Parl. Pap.* 1834（584）xv.（专责委员会关于都市下水道的报告）

附录 2　法拉第入选的学术团体

1823 年　Corresponding member of the Academy of Sciences, Paris.（巴黎，科学院通讯会员）

　　　　Corresponding member of the Accademia dei Georgofili, Florence.（佛罗伦萨，乔治费里科学院通讯会员）

　　　　Honorary member of the Cambridge Philosophical Society.（剑桥哲学学会荣誉会员）

　　　　Honorary member of the British Institution.（英国美术促进研究院荣誉会员）

1824 年　Fellow of the Royal Society.（皇家学会会员）

　　　　Honorary member of the Cambridge Society, Swansea.（斯旺西，剑桥联谊会荣誉会员）

　　　　Fellow of the Geological Society.（地质学会专家会员）

1825 年　Member of the Royal Institution.（皇家研究院会员）

　　　　Corresponding member of the Society of Medical Chemists, Paris.（巴黎，医学化学家学会通讯会员）

1826 年　Honorary member of the Westminster Medical Society.（西敏寺医学学会荣誉会员）

1827 年　Correspondent of the Société Philomathique, Paris.（巴黎，科学爱好者

学会通讯会员）

1828 年　Fellow of the Nature Society of Science, Heidelberg.（海德堡，自然科学学会专家会员）

1829 年　Honorary member of the Society of Arts, Scotland.（苏格兰，艺术学会荣誉会员）

1831 年　Honorary member of the Imperial Academy of Sciences, St Petersburg.（圣彼得堡，帝国科学院荣誉会员）

1832 年　Honorary member of the College of Pharmacy, Philadelphia.（费城，药学院荣誉院友）

Honorary member of the Chemical and Physical Society, Paris.（巴黎，化学和物理学会荣誉会员）

Fellow of the American Academy of Arts and Sciences, Boston.（波士顿，美国艺术和科学院院士）

Member of the Royal Society of Science, Copenhagen.（哥本哈根，皇家科学学会会员）

1833 年　Corresponding member of the Royal Academy of Sciences, Berlin.（柏林，皇家科学院通讯会员）

Honorary member of the Hull Philosophical Society.（赫尔哲学学会荣誉会员）

1834 年　Foreign corresponding member of the Academy of Sciences and Literature, Palermo.（巴勒莫，科学和文学院外籍通讯会员）

1835 年　Corresponding member of the Royal Academy of Medicine, Paris.（巴黎，皇家医学科学院通讯会员）

Honorary member of the Royal Society, Edinburgh.（爱丁堡，皇家学会荣誉会员）

Honorary member of the Institution of British Architects（英国建筑协会荣誉会员）

Honorary member of the Physical Society, Frankfurt.（法兰克福，物理学会荣誉会员）

Honorary Fellow of the Medico-Chirurgical Society, London.（伦敦，内外科学会荣誉专家会员）

1836 年　Senator of the University of London.（伦敦大学教授委员会成员）

Honorary member of the Society of Pharmacy, Lisbon.（里斯本，药剂学

学会荣誉会员）

Honorary member of the Sussex Royal Institution.（萨塞克斯皇家研究院荣誉会员）

Foreign member of the Society of Sciences, Modena.（摩德纳，科学学会外籍会员）

Foreign member of the Natural History Society, Basle.（巴塞尔，自然历史学会外籍会员）

1837年 Honorary member of the Literary and Scientific Institution, Liverpool.（利物浦，文学和科学协会荣誉会员）

1838年 Honorary member of the Institution of Civil Engineers.（土木工程师协会荣誉会员）

Foreign member of the Royal Academy of Sciences, Stockholm.（斯德哥尔摩，皇家科学院外籍会员）

1840年 Member of the American Philosophical Society, Philadelphia.（费城，美国哲学学会会员）

Honorary member of the Hunterian Medical Society, Edinburgh.（爱丁堡，亨特利安医学学会荣誉会员）

1842年 Foreign Associate of the Royal Academy of Sciences, Berlin.（柏林，皇家科学院外籍会员）

1843年 Honorary member of the Literary and Philosophical Society, Manchester.（曼彻斯特，文学和哲学学会荣誉会员）

Honorary member of the Useful Knowledge Society, Aix-la-Chapelle.（亚琛，实用知识学会荣誉会员）

1844年 Foreign Associate of the Academy of Sciences, Paris.（巴黎，科学院外籍院士）

Honorary member of the Sheffield Scientific Society.（谢菲尔德科学学会荣誉会员）

1845年 Corresponding member of the National Institution, Washington.（华盛顿，国家研究院通讯会员）

Corresponding member of the Société d'Encouragement, Paris.（巴黎，科技促进学会通讯会员）

1846年 Honorary member of the Society of Sciences, Vard.（瓦尔德，科学学会荣誉会员）

1847 年 Member of the Academy of Sciences, Bologna.（博洛尼亚，科学院会员）

Foreign Associate of the Royal Academy of Sciences of Belgium.（比利时皇家科学院外籍会员）

Fellow of the Royal Bavarian Academy of Sciences, Munich.（慕尼黑，皇家巴伐利亚科学院会员）

Correspondent of the Academy of Natural Sciences, Philadelphia.（费城，自然科学院通讯会员）

1848 年 Foreign honorary member of the Imperial Academy of Sciences, Vienna.（维也纳，帝国科学院外籍荣誉会员）

1849 年 Honorary member, first class, of the Institute Royal des Pays Bas.（荷兰皇家研究所一级荣誉会员）

Foreign correspondent of the Institute, Madrid.（马德里，研究所外籍通讯会员）

1850 年 Corresponding Associate of the Accademia Pontificia, Rome.（罗马，教皇科学院通讯会员）

Foreign Associate of the Academy of Sciences, Haarlem.（哈勒姆，科学院外籍会员）

1851 年 Member of the Royal Academy of Sciences, The Hague.（海牙，皇家科学院会员）

Corresponding member of the Batavian Society of Experimental Philosophy, Rotterdam.（鹿特丹，实验哲学巴达维亚学会通讯会员）

Fellow of the Royal Society of Sciences, Upsala.（乌普萨拉，皇家科学院会员）

1853 年 Foreign Associate of the Royal Academy of Sciences, Turin.（都灵，皇家科学院外籍会员）

Honorary member of the Royal Society of Arts and Sciences, Mauritius.（毛里求斯，皇家艺术和科学院荣誉会员）

1854 年 Corresponding Associate of the Royal Academy of Sciences, Naples.（那不勒斯，皇家科学院通讯会员）

1855 年 Honorary member of the Imperial Society of Naturalists, Moscow.（莫斯科，帝国博物学家学会荣誉会员）

Corresponding Associate of the Imperial Institute of Sciences of Lombardy.（伦巴第帝国科学研究所通讯会员）

1856 年　Corresponding member of the Netherland's Society of Sciences, Batavia.（巴达维亚，荷兰科学学会通讯会员）

Member of the Imperial Royal Institute, Padua.（帕多瓦，帝国皇家研究所会员）

1857 年　Member of the Institute Breslau.（布雷斯劳研究所会员）

Corresponding Associate of the Institute of Sciences, Venice.（威尼斯科学研究所通讯会员）

Member of Imperial Academy, Breslau.（布雷斯劳，帝国研究院会员）

1858 年　Corresponding member of the Hungarian Academy of Sciences, Pesth.（佩斯，匈牙利科学院通讯会员）

1860 年　Foreign Associate of the Academy of Sciences, Pesth.（佩斯，科学院外籍会员）

Honorary member of the Philosophical Society, Glasgow.（格拉斯哥，哲学学会荣誉会员）

1861 年　Honorary member of the Medical Society, Edinburgh.（爱丁堡，医学学会荣誉会员）

1863 年　Foreign Associate of the Imperial Academy of Medicine, Paris.（巴黎，帝国医学院外籍会员）

1864 年　Foreign Associate of the Royal Academy of Sciences, Naples.（那不勒斯，皇家科学院外籍会员）

附录3 法拉第在1835年及其后的周五之夜讲演

日　期	主　题	出席人数
1835-1-23	Melloni's Recent Discoveries in Radiant Heat.（梅洛尼有关辐射热的最新发现）	400
1835-2-6	The Induction of Electric Currents.（电流的感应现象）	460
1835-3-27	The Manufacture of Pens from Quills and Steel Illustrated by Modern Machinery.（钢笔和鹅毛笔制造的现代机械图解）	528
1835-5-15	The Condition and Use of the Tympanum in the Ear.（耳鼓膜的性质和作用）	405
1836-1-22	Silicified Plants and Fossils.（硅化的植物及化石）	416
1836-2-19	The Magnetism of Metals as a General Character.（作为一种普遍特征的金属的磁性）	674
1836-4-29	Plumbago and the Manufacture of Pencils from it with Modern Machinery.（石墨和以其为原料铅笔的现代化机械制造）	662
1836-6-10	Considerations Respecting the Nature of Chemical Elements.（有关化学元素本质的思考）	646

1837-1-20	Mosoth's Reference of Electrical Attraction, the Attraction of Aggregation and the Attraction of Gravity to One Cause.（毛瑟斯将电吸引力、聚合力和重力吸引力归属于同一根源的参考资料）	467
1837-2-17	Dr Marshall Hall's Reflex Function of the Spinal Marrow. Mr Cowper's Printing Press.（马歇尔·霍尔医生的脊髓的反射功能）	480
1837-3-17	Mr de la Rue's Mode of Applying Sulphate of Copper to the Exaltation of the Powers of a Common Voltaic Battery.（德拉鲁先生用硫酸铜升高普通伏打电池电力的办法）	675
1837-4-28	A Peculiar Condition of Iron in Relation to its Chemical Affinity in its Electro-Motive Force.（铁与在电运动力中的化学亲和力有关的一种罕见状态）	582
1837-6-9	Early Arts：The Bow and Arrow.（早期艺术：弓和箭）	583
1838-1-19	Electrical Induction.（电感应）	382
1838-2-28	The Atmosphere of This and of Other Planets.（本星球和其他行星的大气层）	435
1838-4-6	Mr Ward's Mode of Growing and Preserving Plants in Limited Atmospheres.（沃德先生在受限气氛中植物生长和维护的方法）	625
1838-5-18	The Solid, Liquid and Gaseous State of Carbonic Acid. Illustrated by Philosier's Apparatus From Professor Graham.（用格雷厄姆教授的费劳瑟装置来解释碳酸的固态、液态和气态）	602
1838-6-8	The Relation of Electric Induction and Insulation.（电感应及绝缘的关系）	714
1839-1-18	On the Gymnotus and the Torpedo.（论电鳗和电鳐）	554
1839-2-15	On Gunney's Oxy-Oil Lamp.（论冈尼的氧-油灯）	705
1839-3-22	On Airy's Correlation of the Ship's Compass in an Iron Vessel.（论艾里有关铁船中船用罗盘的相关性）	656

1839-5-10	Some General Remarks on Flame.（一些有关火焰的一般性注释）	540
1839-6-7	Hullmandel's Mode of Producing Designs and Patterns on Metallic Surfaces.（赫尔曼德尔在金属表面设计和制作图案的办法）	552
1840-1-24	On Voltaic Precipitations.（论伏打电沉淀）	472
1840-2-7	On a Particular Relation to the Condensible Gases to Steam.（论可冷凝气体和蒸汽的特殊关系）	204
1840-5-8	On the Origin of Electricity in the Voltaic Pile.（论伏打堆中电的起源）	675
1842-4-15	Conduction of Electricity in Lightning Rods.（避雷针内的电传导）	773
1842-6-10	The Principles and Practice of Huallmandel's Lithotint.（赫尔曼德尔的彩色石版画印刷术的原理和应用）	798
1843-1-20	Some Phenomena of Electric Induction.（一些电感应现象）	555
1843-4-7	The Ventilation of Lamp Burners.（燃烧灯的通风）	998
1843-6-9	The Electricity of Steam.（蒸汽中的电）	836
1844-1-19	Speculations Touching Electric Conduction and the Nature of Matter.（涉及电导和物质本质的推测）	732
1844-6-7	Recent Improvements in the Manufacture and Silvering of Mirrors.（镜子制作和镀银的最新改良）	866
1845-1-17	The Condition and Ventilation of the Coal-Mine Goat.（拖煤车山羊的境况和通风）	643
1845-1-31	The Liquefaction and Solidification of Bodies Usually Gases.（通常气体的液化和固化）	861
1845-4-25	Anastatic Printing.（凸版印刷）	873
1845-5-30	The Artesian Well and Water.（自流井和水）	734
1846-1-23	Magnetism and Light.（磁和光）	1 003
1846-3-6	The Magnetic Conditions of Matter.（物质的磁性状态）	1 000

1846-4-3	Mr Wheatstone's Electro-Magnetic Chronoscope.（惠斯通先生的电磁计时器）	706
1846-6-12	The Cohesive Force of Water.（水的内聚力）	546
1847-1-22	Gun-Powder.（火药）	658
1847-3-26	Mr Barry's Mode of Ventilating the New House of Lords.（巴里先生给新上议院通风的办法）	695
1847-6-11	The Steam-Jet.（蒸汽喷射）	538
1848-4-14	The Diamagnetic Conditions of Flame and Gases.（火焰和气体的抗磁状态）	909
1848-5-26	On Two Recent Inventions of Artificial Stone; One Entirely Siliceous and Available for Architectural Decorations. The Other a Breccia Formed in Moulds from Fragments of Any Kind of Stone and Applicable to All Kinds of Building and the Pipes, Sewers and Heavy Underwater Works.（论两种人造石材的发明：一种完全是硅质的，用于建筑装饰；另一种是由各种各样岩石的碎末在模具中形成的角砾岩，用于建造各种建筑物，下水道管道及重型水下工程。）	367
1848-6-16	The Conversion of Diamond into Coke.（钻石至焦炭的转变）	643
1849-1-26	The Crystalline Polarity of Bismuth and Other Bodies and its Relation to the Magnetic Force.（铋和其他物体晶体的极性以及它和磁力的关系）	677
1849-2-26	The Diamagnetic and Magne-Crystallic Condition of Bodies. HRH Prince Albert present.（物体的抗磁和磁-晶体的状态。艾伯特王子殿下出席）	331
1849-3-30	Plucker's Repulsion of the Optic Axes of Crystals by the Magnetic Poles.（普拉克有关晶体光轴受磁极的排斥力）	692
1849-6-1	Envelope Machinery.（信封机）	619
1850-2-1	The Electricity of the Air.（空气中的电）	806
1850-6-8	Certain Condition of Freezing Water.（冻结水的特定条件）	888

日期	题目	页
1851-1-24	On the Magnetic Character and Relation of Oxygen and Nitrogen.（论氧气和氮气磁的特征和相互关系）	813
1851-4-11	On Atmospheric Magnetism.（论大气的磁性）	1 028
1851-6-13	On Schönbein's Ozone.（论舍恩拜因的臭氧）	692
1852-6-11	On the Physical Lines of Magnetic Force.（论磁力的实体线路）	895
1853-1-21	Observations on the Magnetic Force.（磁力的观测）	830
1853-6-10	MM Boussingault, Frémy, Becquerel etc. on Oxygen.（布森戈、弗雷米、贝克勒尔等论氧气）	836
1854-1-20	On Electric Induction—Associated Causes of Current and Static Effects.（论电感应——电流和静电效应的相关起因）	762
1854-6-9	On Magnetic Hypotheses.（论磁性假说）	806
1855-1-19	On Some Points of Magnetic Philosophy.（论磁的哲学几个要点）	576
1855-5-25	On Electric Conduction.（论电传导）	562
1855-6-8	On Ruhmkorff's Induction Apparatus.（论鲁姆科夫的感应装置）	663
1856-2-22	On Certain Magnetic Actions and Affections.（论某些磁行为和影响）	903
1856-6-13	On M. Petitjean's Process for Silvering Glass: Some Observations on Divided Gold.（论珀蒂让的玻璃镀银工艺：分割金的一些观察）	680
1857-2-27	On the Conservation of Force.（论力的守恒）	871
1857-6-12	On the Relations of Gold to Light.（论金和光的关系）	735
1858-2-12	Remarks on Static Induction.（静电感应评论）	796
1858-6-11	On Wheatstone's Electric Telegraph in Relation to Science（Being an Argument in Favour of the Full Recognition of Science as a Branch of Education）.［论惠斯通的电报科学性（支持完整认可科学是教育的一个分支的论点）］	753
1859-2-25	On Schönbein's Ozone and Antozone.（论舍恩拜因的臭氧和单原子氧）	876

1860-3-9	On Lighthouse Illumination—the Electric light.（论灯塔照明——电灯）	797
1860-6-8	On the Electric Silk—Loom.（论电力纺丝——织机）	698
1861-2-22	On Platinum.（Printed and bound with *Chemical History of a Candle*.）[论铂白金（与《蜡烛的化学史》合并发行）]	883
1861-5-3	On Mr Warren de la Rue's Photographic Eclipse Results.（论沃伦·德拉鲁先生的日食照相结果）	783
1862-6-20	On Gas Furnaces.（论煤气炉）	812

附录4　法拉第组织安排的讲演（1862年之前）

日　期	讲演者	主　题	出席人数
1832-2-4	Marquis Moscati（莫斯卡蒂侯爵）	The Genius of the Extemporaneous Poets and on the Art of Improvisation by an Italian Improvisator.（即兴诗人的天赋和一位意大利即兴诗人的即兴创作的艺术）	418
1832-3-9	George Foggo（乔治·福戈）	The Causes of the Excellence of Grecian Art.（希腊艺术所以卓越的原因）	355
1832-4-13	Marshall Hall（马歇尔·霍尔）	The Laws which Govern the Mutual Relation of Respiration and Irritability.（控制呼吸和烦躁相互关系的定律）	320
1834-3-21	William Varlo Hellyer（威廉·赫利尔）	A Day at Pompeii.（庞贝的一日）	529
1834-4-25	John Davidson（约翰·戴维森）	The Pyramids of Egypt.（埃及金字塔）	720

日期	演讲者	题目	页
1834-5-2	Dionysius Lardner（狄奥尼修斯·拉德纳）	Babbage's Calculating Machinery.（巴贝奇的计算器）	708
1834-5-9	John Dalton（约翰·道尔顿）	On the Atomic Theory of Vapours.（论蒸气的原子理论）	594
1835-2-13	John Landseer（约翰·兰西尔）	A Sculptured, Historical Monument Lately Brought From Phoenecia by Mr Joseph Bonami and Now in the Possession of Lord Prudhoe.（最近由约瑟夫·博纳米从腓尼基带来的一座雕塑的历史性纪念碑。现在归普拉德霍勋爵所有。）	360
1835-4-10	Dionysius Lardner（狄奥尼修斯·拉德纳）	Notice of Halley's Comet.（对哈雷彗星的关注）	820
1836-5-6	John Frederick Daniell（约翰·丹尼尔）	A New and Constant Voltaic Battery.（一种新的、恒定的伏打电池）	503
1836-5-27	Thomas Joseph Pettigrew（托马斯·佩蒂格鲁）	The Opening of an Egyptian Mummy.（一具埃及木乃伊的开棺）	810
1836-6-3	Richard Beamish（理查德·比米什）	The Present State and Prospects of the Thames Tunnel.（泰晤士河隧道的现状和展望）	426
1837-5-12	Gideon Algernon Mantell（吉迪恩·曼特尔）	The Iguanodon and Other Fossil Remains Discovered in the Strata of Tilgate Forest.（在蒂尔盖特森林的地层发现的禽龙和其他化石残余）	471
1837-5-19	Monsieur De La Rue（德拉鲁先生）	The History and Manufacture of Playing Cards.（扑克牌制造史）	328
1838-5-25	John Landseer（约翰·兰西尔）	The Astronomy of the Book of Job.（约伯记中的天文学）	323
1841-2-5	Samuel Birch（塞缪尔·伯奇）	Hieroglyphics of the Egyptians.（埃及人的象形文字）	348

日期	讲演者	题目	页码
1841-2-19	James Tennant（詹姆斯·坦南特）	Ornamental Stones used in Jewellery.（用于首饰的装饰石）	354
1841-3-19	John Joseph Cooper（约翰·库珀）	Elkingtons' New Mode of Plating and Gilding.（埃尔金顿的镀金和贴金新办法）	455
1841-3-26	J.F. Goddard（J.F. 戈达德）	The Application of the Daguerrotype to the Taking of Likenesses from Life.（银板照相法用于拍摄生物的逼真照片）	621
1841-5-7	Thomas G Griffiths（托马斯·格里菲思）	The Manufacture of Soda Water.（苏打水的生产）	188
1941-5-28	Sir Richard Owen（理查德·欧文爵士）	The Method of Investigating Fossil Remains.（研究化石残余的方法）	304
1843-2-10	Sir William Robert Grove（威廉·格罗夫爵士）	The Gaseous Voltaic Pile.（气态的伏打堆）	458
1843-3-17	Owen Jones（欧文·琼斯）	Moorish Architecture as Illustrated by the Alhambra.（以阿罕布拉宫为例证的摩尔人建筑）	583
1845-6-6	Sir Roderick Impey Murchison（罗德里克·默奇森爵士）	Russia and the Ural Mountains.（俄国和乌拉尔山脉）	381
1846-5-8	John Scott Russell（约翰·拉塞尔）	The Application of Certain Laws of Sound to the Construction of Buildings.（某些声波规则在房屋建筑中的应用）	231
1847-4-30	Sir Charles Lyell（查尔斯·赖尔爵士）	The Age of the Volcanoes of Auvergne as Determined by the Remains of Successive Groups of Land-Quadrupeds.（用延续的陆地四足动物群的残骸来确定奥弗涅火山的年龄）	383

1847-5-7	Tom Taylor（Editor of Punch）（汤姆·泰勒，《笨拙》画报主编）	The Saxon Epic—Beowulf.（撒克逊人的史诗——贝奥武夫）	222
1848-2-4	Sir Charles Lyell（查尔斯·赖尔爵士）	The Fossil Footmarks of a Reptile in the Coal Formations of the Allegheny Mountains.（一种阿勒格尼山脉煤层中爬行动物的化石踪迹）	389
1848-4-7	Rev Baden Powell（巴登·鲍威尔牧师）	Shooting Stars and Their Connection with the Solar System.（流星及其与太阳系的关系）	410
1848-6-2	John Scott Russell（约翰·拉塞尔）	On the Tidewave Principle Applied to the Construction of Ships.（论潮汐波原理运用于船的构造）	235
1849-1-19	Rev William Whewell（威廉·休厄尔牧师）	The Idea of Polarity.（有关极性的想法）	404
1850-2-8	Edward Cowper（爱德华·考珀）	The Conway and Menai Tubular Bridges.（康韦和梅纳伊的管状桥梁）	605
1851-5-2	Sir George Biddell Airy, PRS（乔治·艾里爵士）	On the Total Solar Eclipse of July 28, 1851.（论1851年7月28日全日食）	610
1851-5-30	Sir Henry Creswicke Rawlinson（亨利·罗林森爵士）	A Few Words on Babylon and Nineveh.（关于巴比伦和尼尼微的一些话）	647
1851-6-6	Alexander William Williamson（亚历山大·威廉姆逊）	Suggestions for the Dynamics of Chemistry Derived From the Theory of Etherification.（从醚化理论派生出来的化学动力学的建议）	296
1852-3-8	Rev William Taylor（威廉·泰勒牧师）	Observations on Different Modes of Educating the Blind.（对盲人教育不同方法的观察）	310

日期	讲演者	题目	页
1852-4-30	Rt Hon Thomas Henry Huxley（托马斯·赫胥黎阁下）	On Animal Individuality.（论动物的个性）	323
1853-2-18	George Gabriel Stokes（乔治·斯托克斯）	On the Change of Refrangibility of Light and the Exhibition Thereby of the Chemical Rays.（光的折射性变化和化学射线的呈现论）	450
1853-5-6	Lyon Playfair, 1st Baron Playfair（里昂·普莱费尔，第1位普莱费尔男爵）	On the Food of Man Under Different Conditions of Age and Employment.（论不同年龄和职业的人的食物）	498
1853-6-3	John Tyndall（约翰·廷德尔）	On Some of the Eruptive Phenomena of Iceland.（关于一些冰岛火山喷火现象）	510
1854-2-24	Henry Bence Jones（亨利·琼斯）	On the Acidity, Sweetness and Strength of Different Wines.（关于不同葡萄酒的酸度，甜度和浓度）	460
1855-5-18	Sir James Philip Lacaita（詹姆斯·拉卡伊塔爵士）	On Dante and the Divina Commedia.（论但丁和《神曲》）	410
1855-6-15	Sir Henry Creswicke Rawlinson（亨利·罗林森爵士）	On the Results of the Excavations in Assyria and Babylonia.（关于在亚述和巴比伦挖掘的结果）	906
1856-2-15	Rt Hon Thomas Henry Huxley（托马斯·赫胥黎阁下）	On Natural History, as Knowledge, Discipline and Power.（论作为知识、学科和力量的自然历史）	447
1856-2-29	William Thomason（Lord Kelvin）（威廉·汤姆森，开尔文勋爵）	On the Origin and Transportations of Motive Power.（论动力的起源和输送）	449
1856-4-11	Sir Charles William Siemens（查尔斯·西门子爵士）	On a Regenerative Steam-Engine.（关于蓄热式蒸汽引擎）	310

日期	演讲者	题目	页码
1857-1-30	Rev Frederick Denison Maurice（弗雷德里克·莫里斯牧师）	Milton Considered as a Schoolmaster.（如果米尔顿是一位中学校长）	422
1858-3-5	Charles Piazzi Smyth（查尔斯·史密斯）	Account of the Astronomical Experiment of 1856 on the Peak of Tenerife.（关于1856年特纳里夫峰上的天文学实验记述）	521
1858-5-28	Sir Edward Frankland（爱德华·佛兰克兰爵士）	On the Production of Organic Bodies Without the Agency of Vitality.（论无活力介质存在下有机物的制备）	328
1859-2-4	Sir Richard Owen（理查德·欧文爵士）	On the Gorilla.（论大猩猩）	553
1860-2-10	Rt Hon Thomas Henry Huxley（托马斯·赫胥黎阁下）	On Species and Races and Their Origin.（论物种和族类及其他们的起源）	516
1860-5-18	William Thomason（Lord Kelvin）（威廉·汤姆森，开尔文勋爵）	On Atmospheric Electricity.（论大气中的电）	322
1861-2-8	Rt Hon Thomas Henry Huxley（托马斯·赫胥黎阁下）	On the Nature of the Earliest Stages of the Development of Animals.（论动物最初发展阶段的特征）	461
1861-4-12	Hermann Ludwig Ferdinand von Helmholtz（赫尔曼·冯·亥姆霍兹）	On the Application of the Law of the Conservation of Force to Organic Matter.（论能量守恒定律在有机物中的应用）	332
1861-4-19	John Ruskin（约翰·罗斯金）	On Tree Twigs.（论树的枝丫）	805
1861-5-17	James Clerk Maxwell（詹姆斯·麦克斯韦）	On the Theory of Three Primary Colours.（论三原色理论）	408

1862-1-17	John Tyndall（约翰·廷德尔）	On the Absorption and Radiation of Heat by Gaseous Matter.（论气态物质的热吸收和热辐射）	482
1862-3-21	Sir Frederick Augustas Abel（弗雷德里克·阿贝尔爵士）	On Some of the Causes, Effects and Military Applications of Explosives.（论炸药的一些起爆原因、功效和军事应用）	364

附录 5　1933 年 2 月皇家研究院的部分讲演日程表

			讲演时间（时）
2 日	（周四）	J B S Haldane—Recent Advances in Genetics（J.B.S. 霍尔丹：遗传学最新进展）	5.15
3 日	（周五）	Cyril Norwood—Use of the English Language（西里尔·诺伍德：英文语言的使用）	9
4 日	（周六）	L Binyon—Oriental Painting（L. 比尼恩：东方绘画）	3
6 日	（周一）	General Meeting（全体会议）	5
7 日	（周二）	J C M'Lennan—Low Temperatures（J.C. 迈伦南：低温）	5.15
9 日	（周四）	J B S Haldane—Recent Advances in Genetics（J.B.S. 霍尔丹：遗传学最新进展）	5.15
10 日	（周五）	A V Hill—Physical Nature of the Nerve Impulse（A.V. 希尔：神经冲动的物理本质）	9
11 日	（周六）	L Binyon—Oriental Painting（L. 比尼恩：东方绘画）	3
14 日	（周二）	Sir William Bragg—Analysis of Crystal Structure by X-Rays（威廉·布拉格爵士：用 X 射线分析晶体结构）	5.15

16日	（周四）	A R Hinks—Geography in the Public Service（A.R.欣克斯：为公共服务的地理学）	5.15
17日	（周五）	J Dover Wilson—Plot of Hamlet（J.多佛·威尔逊：哈姆雷特的剧情）	9
18日	（周六）	Lord Rutherford—Detection and Production of Swift Particles（卢瑟福勋爵：快速粒子的检测和产生）	3
21日	（周二）	Sir William Bragg—Analysis of Crystal Structure by X-rays（威廉·布拉格爵士：X射线晶体结构分析）	5.15
23日	（周四）	A R Hinks—Geography in the Public Service（A. R.欣克斯：为公共服务的地理学）	5.15
24日	（周五）	W A Bone—Photographic Analysis of Explosion Flames（W.A.博恩：爆炸火焰的摄影图片分析）	9
25日	（周六）	Lord Rutherford—Detection and Production of Swift Particles（卢瑟福勋爵：快速粒子的检测和产生）	3
28日	（周二）	Sir William Bragg—Analysis of Crystal Structure by X-rays（威廉·布拉格爵士：X射线晶体结构分析）	5.15

索 引

A

埃尔金大理石雕　3
安全矿灯　11，24
澳大利亚和新西兰促进科学协会　122

B

巴伐利亚选帝侯　5
包合物　32
贝克讲座　12，34，67，108，127
苯　33
变压器　38
玻璃　70
玻璃的光学性能　34，35
薄膜　68

C

场的概念　41
超离子导体　74
磁化学　62
磁性各向异性　62

D

大英百科全书　16
大英博物馆　3，71
戴维　33
丹麦促进科学知识学会　31
德州纪念碑　86
灯塔　53
等离子体化学和物理　50
地质学会　12
地质学、矿物学和农业化学　11
电报　37
电磁感应　38，115
电磁感应定律　38
电磁旋转　29

电的实验研究 61
电动马达 29
电镀技术 45
电和磁的实验研究 82
电弧 11
电化学 44
电化学分析 47
电解定律 44，45
电介质 53
电容率 53，54
电容器 53-56
电与重力 64
都市哲学学会 25，27

F

发电机 38
发现者法拉第 114
法国科学院 46，55
法拉第暗区 51
法拉第的一生和书信 131
法拉第笼 53，64
法拉第效应 57，59
法拉第在威尔士 107
飞利浦 39
分割 67-69，78
分析化学 23，24
分析化学家 25
分子极化 53
佛罗伦萨科学院 20
伏打电堆 17，48，49
富勒化学教授 49，151，152

G

格列佛规则 174，176
贵格会 27
国会专责委员会 44，49
国家画廊 3，71

H

合金钢 24，26
化学操作法 36，82
化学对话 16，22
化学和物理的实验研究 82
皇家军事学院 36，77，130
皇家学会 5，11，12，15，26，31，55，58，60，61，70，73，80，110，119，124，127，129，130，133，137，143，158，165，171，172
活力 26

J

基尤英国皇家植物园 132
极化面 57，59
剑桥大学三一学院 3，44，115
剑桥哲学学会 115
胶体金 24，67-69
介电常数 24，53-56
静电学 25，51

K

卡文迪什实验室 9，45
抗磁性 57
科学季刊 25
克拉伦登实验室 9

克拉尼板　123
库仑法　47

L

拉曼效应　69
蜡烛的化学史　2，82，170
镭　153
力线　42，43，58-61，115
临界温度　32
硫化　75
笼实验　51，52
铝　27
氯　32
伦敦大学教务会　53
伦敦大学学院　36
伦敦动物园　12
伦敦之缩影　13
论感应　87
论力的守恒　88
论物理力的相关性　127
罗塞塔石碑　7

M

米德镇的春天　12
冥王星　153

N

拿破仑奖　12
钠、钾、钙、钡、锶、镁　9
萘　33

P

漂白织物　11

平版印刷　35
平方反比定律　40

Q

气态水合物　32
气体放电　50
气体液化　32

R

燃料电池　128
染料工业　33
热敏电阻　75
日本电气　40
溶菌酶　159
熔盐电解质　74
鞣制皮革　11

S

塞曼效应　71
三一楼　53
桑德曼　104
桑德曼教会　27
闪电　57，98-101
圣保罗　104
圣诞节讲座　2，4，35，37，43，57，152，170，172，174-178
圣经　104，107，116
数学成图　175，177
斯旺西海湾　37

T

太阳中微子实验　26
泰特美术馆　13

泰晤士报 111，112
陶瓷上色 11
提摩太书 107
天文学 34
廷德尔效应 132
通用电气 39
铜质姓名牌 105

W

韦奇伍德博物馆 27
温室效应 132
涡电流 62
物理力的相关性 108
物质的各种力 82

X

西门子 39
橡胶 77
谢菲尔德板 46

心灵的修善 16
新化合物 26
选择性吸附 24，75

Y

雅典娜 3，12，32，35
一千零一夜 105
阴极保护 11
印度科学培养协会 70
英国港务局 3
英国化学学会 130
英国科学协会 98，102，109，130，131
有机化合物 34
有机化学 24

Z

重碳化氢 33
桌子旋转现象 111

人名表

A

阿尔伯特王子（HRH Prince Albert） 106

阿拉戈（François Jean Dominique Arago） 20，93

阿伦尼乌斯（Svante Arrhenius） 119，165

阿诺德（Mathew Arnold） 119，165

阿斯顿（Francis William Aston） 119

阿斯特伯里（William Thomas Astbury） 159，164

阿滕伯勒（David Attenborough） 174

阿歇特（Jean Hachette） 43

艾里爵士（Sir George Biddell Airy） 119

艾略特（George Eliot） 12

爱迪生（Thomas Alva Edison） 141

爱丁顿（Arthur Stanley Eddington） 66

爱默生（Ralph Waldo Emerson） 119，163

爱因斯坦（Albert Einstein） 1，4，65，66

安蒂诺里（Vincenzo Antinori） 90，102，188

安妮·拉瓦锡（Anne Lavoisier） 6

安培（André-Marie Ampère） 20，22，29，30，38，43，59

安托万·拉瓦锡（Antoine Lavoisier） 6

奥古斯特·德拉里夫（Auguste A. de la Rive） 21

奥斯特（Hans Christian Ørsted） 29，31，38，77，79，108

奥斯特瓦尔德（Wilhelm Ostwald） 55，80，163

奥斯汀（Alfred Austin） 119，165

B

巴贝奇（Charles Babbage） 43，80，204

巴克拉（Charles Barkla） 120，166

巴洛（Barrow） 143，166

巴纳德（Sarah Barnard） 27

巴斯德（Louis Pasteur） 132，165

巴特勒（Samuel Butler） 113，117

拜伦勋爵（Lord Byron） 13，15

班克斯爵士（Sir Joseph Banks） 5，14

贝采利乌斯（Jöns Jacob Berzelius） 26，33，44，78，79

贝德福德公爵（Duke of Bedford） 13

贝尔（Alexander Graham Bell） 120，141，144，145

贝尔德（John Logie Baird） 159，167

贝尔纳（John Desmond Bernal） 159

贝克（Samuel White Baker） 120

贝克勒尔（Antoine Henri Becquerel） 94，120

贝特森（William Bateson） 120，165

本生（R.W. Bursen） 36，78，130，132，165

波特（George Porter） 101，123，168，175

玻色（Jagadish Chandra Bose） 120，165

伯德特-库茨男爵夫人（Angela Burdett-Coutts） 103，115

泊松（Siméon Denis Poisson） 29，79

布丰伯爵（Comte de Buffon） 113，117

布莱克（William Blake） 153，167

布兰德（William Thomas Brande） 25，33，36，79

C

查尔斯·德拉里夫（Charles Gaspard de la Rive） 21

查尔斯·史密斯（Charles Piazzi Smyth） 124，125，131，164，208

查尔斯·泰勒（Charles Taylor） 178

D

达尔文（Charles R. Darwin） 3，4，153，179

戴维（Sir Humphry Davy） 2，25，38，55，76，78，92，108，121，159，161

戴维斯（Paul Davies） 67，81，163

丹尼尔（John Frederic Daniell） 59，80，204

道尔顿（John Dalton） 55，80，130，204

德拜（William Debye） 56，80

狄更斯（Charles J.H. Dickens） 3，4

丁尼生（Alfred Tennyson） 119，146，166

杜马（Jean Baptiste Dumas） 161

杜瓦（James Dewar） 20，22，151-153，156-158

F

法拉第（Michael Faraday） 1，16，34，175

法齐尼（Lorenzo Fazzini） 43，80

范德瓦尔斯（Van der Waals） 165
菲利普（David C. Phillips） 159
冯·霍夫曼（August Wilhelm von Hofmann） 78
弗莱明（Alexander Fleming） 164
伏打（Alessandro Volta） 9，47，136
福布斯（James David Forbes） 43，80
富兰克林（Benjamin Franklin） 48，80，113
富勒（John Fuller） 49，51

G

盖尔曼（Murray Gell-Mann） 163
盖-吕萨克（Joseph Louis Gay-Lussac） 20，22，44
盖伦（Galen of Pergamon） 180，184
格斯特（Josiah John Guest） 26，79
哥伦布（Christopher Columbus） 180
格拉德斯通（W.E. Gladstone） 113，146
格罗夫（William Robert Grove） 97，108，117，124-132，205
贡布里希（Ernst Hans Josef Gombrich） 118，119，165

H

哈德菲尔德爵士（Robert Had-field） 26
哈维（William Harvey） 179，180，184
海耳（George Ellery Hale） 74，81，153
亥姆霍兹（Hermann von Helmholtz） 8，14，45，141，145，165，208
赫尔曼德尔（Charles Joseph Hullmandel） 121，166，199
赫胥黎（Thomas Henry Huxley） 3，4，146，178，185，207，208
赫兹（Heinrich Hertz） 59，80
亨利（Joseph Henry） 46，94，185，206，207
洪堡（Alexander von Humboldt） 20，22
胡克（Robert Hooke） 142，166
华莱士（Alfred Russel Wallace） 153，167
华兹华斯（William Wordsworth） 12，15，105
惠斯通（Charles Wheatstone） 37，62，63，79，100，110，121，131
霍尔（Charles Martin Hall） 31
霍奇金（Dorothy Mary Hodgkin） 177，184

J

基尔霍夫（Gustau Robert kirchhoff） 130
杰伊（Sir Antony Jay） 164
居维叶（Georges Cuvier） 20，22

K

卡多根（John Cadogan） 122
卡鲁扎（Theodor Franz Eduard Kaluza） 65，66，81
卡文迪什（Henry Cavendish） 9，29，40，45，51，55，77-79，156，157，159
开尔文勋爵（William Thomson, 1st Baron Kelvin） 4，207，208
凯恩斯（John Maynard Keynes） 159

坎尼扎罗（Stanislao Cannizzaro） 161，165

康德（Immanuel Kant） 31，79

康斯特布尔（John Constable） 3，4，119，120

康托尔（G.N. Cantor） 116

柯尔律治（Samuel Taylor Coleridge） 8，12，14

克里斯蒂（Samuel Hunter Christie） 36

克里希南（Kariamanickam Srinivasa Krishnan） 62，80

克鲁克斯（William crookes） 158，162，164，171

肯德鲁（John Kendrew） 159，161

库克（William Fothergill Cooke） 37，80，110

库仑（Charles-Augustin de Coulomb） 29，53

L

拉曼（handrasekhara Venkata Raman） 69，70，80

拉姆齐（William Ramsay） 157

拉莫尔爵士（Joseph Larmor） 72

赖尔（Sir Charles Lyell） 98，102，205，206

朗斯代尔（Kathleen Lonsdale） 62，80

劳伦斯·布拉格（Lawrence Bragg） 101，102，120，159，161，166，168，174，178

李比希（Justus Freiherr von Liebig） 138，166

里鲍（George Riebau） 16，17

卢瑟福勋爵（Ernest Rutherford） 19，159，163，211

鲁宾逊爵士（Sir Robert Robinson） 36，79

伦福德伯爵（Benjamin Thompson, Count Rumford） 5，7，14，20

罗德里克·默奇森爵士（Rhoderick Impey Murchison） 205

罗兰（Henry Augustus Rowland） 13，15，71，73，81

罗热（Peter Mark Roget） 3，4，51

罗斯金（John Ruskin） 3，4，163，208

洛厄尔（Percival Lowell） 153，167

洛克耶（Joseph Norman Lockyer） 78

洛伦兹（Hendrik Lorentz） 72，81，163

洛奇（Oliver Joseph Lodge） 72，74，81，164

M

马尔皮基（Marcello Malpighi） 180，184

马尔泰（George Malthey） 158

马可尼（Guglielmo Marconi） 141，158，166，182

马赛特夫人（Jane Marcet） 16

玛丽·居里（Marie Curie） 153

迈布里奇（Eadweard James Muybridge） 141，145，146，150，151

麦克斯韦（James Clerk Maxwell） 1，4，23，42，57，59，60，63，71，115，156，182

梅雷迪斯（Owen Meredith） 113，117

梅洛尼（Macedonio Melloni） 43，49，

80，197
门捷列夫（Dmitri Ivanovich Mendeleeff）161，162，165
蒙德（Ludwig Mond）77，158
米林顿（John Millington）35，79
莫里森（Philip Morrison）176，184
莫尔（Gerrit Moll）43，72，80，81，163
墨尔本勋爵（Lord Melbourne）50

N

牛顿（Isaac Newton）1，29，115，125
纽科姆（Simon Newcomb）165
诺比利（Leopoldo Nobili）43，90，102

O

欧文爵士（Sir Henry Irving）152，205

P

佩兰（Jean Baptiste Perrin）68，78，153，163
佩鲁茨（Max Perutz）159，161
皮埃尔·居里（Pierre Curie）153
皮尔首相（Prime Minister Robert Peel）113
皮克西（Hippolyte Pixii）46
帕金（William Henry Perkin）138，166
普拉托（Joseph Plateau）44，80
普利斯（Welshman William Henry Preece）141，143，144，189

Q

齐曼（Erik Christopher Zeeman）175
契诃夫（Anton Chekhov）83，102
琼森（Ben Jonson）3，4
琼斯（Henry Bence Jones）64，131
琼斯爵士（Sir James Jeans）172

R

瑞利 143，151，156–158，164

S

萨拉姆（Mohammad Abdus Salam）66，67，81
萨默维尔（Mary Somerville）44，80，91
塞曼（Pieter Zeeman）71，72，81，163
塞奇威克（Adam Sedgwick）98，102
骚塞（Robert Southey）12
莎士比亚（William Shakespeare）3，176
舍恩拜因（Christian Friedrich Schönbein）112，117，201
史密斯牧师（The Rev Sydney Smith）
司各特（Walter Scott）12，15
斯皮克（John Hanning Speke）164
斯特金（William Sturgeon）129
斯托克斯（George Stokes）122，158，207
斯托尼（Johnstone Stoney）45，80
斯维德贝里（Theodor Svedberg）68，78

T

塔尔博特（William Henry Fox Talbot） 3，4，122，131

泰勒（Charles Taylor） 123，164，178，184

泰特勒（James Tytler） 16，22

汤普森（Phillips Thompson） 63，81

汤姆孙（Joseph John Thomson） 45，80，157，158

特纳（Joseph M.W. Turner） 3，103，163

特斯拉（Nikola Tesla） 153，155，156，164，167

廷德尔（John Tyndall） 64，65，68，78，81，104，105，109，110，114，131，152，185

托马斯·杨（Thomas Young） 6，8，14，34，35

W

威尔士王子（Prince of Wales） 146

威尔斯（Herbert George Wells） 153，180

威拉德·吉布斯（Willard Gibbs） 165

威廉斯（Leslie Pearce Williams） 63，81

威廉四世（King William IV） 50

威廉·布拉格（William Bragg） 101，120，159，161，166，177，210，211

威廉·赫歇尔（William Herschel） 34，79

威廉·史密斯（William Henry Smyth） 124，125，131，132

温伯格（Steven Weinberg） 66，67，81

沃拉斯顿（William Hyde Wollaston） 3，4，14，31，38，137

伍利（Sir Charles Leonard Woolley） 159，167

伍里奇（John Stephen Woolrich） 46，80

X

席格蒙迪（Richard Adolf Zsigmondy） 68，78

谢菲尔德勋爵（Lord Sheffield） 13

谢林顿（Charles Sherrington） 164

休厄尔（William Whewell） 3，4，44，45，91

薛定谔（Erwin Schrödinger） 163

Y

约翰·戴维（John Davy） 9

约翰·赫歇尔（John Herschel） 34，79

Z

泽维尔（Ahmed Hassan Zewail） 151，167

译者后记

2012年6月，约翰·迈里格·托马斯爵士偕夫人到访我们居住的苏格兰小镇圣安德罗斯，接受圣安德罗斯大学授予的荣誉学位，并为庆祝建校600周年系列学术报告活动做一个讲演。他讲演的题目是"法拉第的天赋"。一个又一个小故事由他娓娓道来，令我们感到心旷神怡。我们和保罗·赖特（Paul Wright）教授夫妇一起请约翰爵士夫妇在一家乡村酒店共进晚餐（午纵和保罗20世纪80年代是剑桥大学物理化学系托马斯教授指导下的博士生）。席间聊到他写的书《法拉第和皇家研究院》对鼓动年轻人从事科学实践一定很有帮助。我们还特意提及一年前曾经买了一本作为礼物送给刚上大学的儿子。

数月以后，午纵和约翰爵士电话交谈时，又讲到这本书。两个人似乎毫无任何犹豫地就达到一个共识：如果将此书翻译成中文，介绍给中国的年轻读者，一定是一件有意义的事情。在做了一些调查的基础上，他们又讨论解决了几个重要的技术问题，包括确信版权没有问

译者后记

题,插图的质量如何提高,确定由我们两个人来完成翻译等。最重要的问题是有没有读者市场。我们注意到,介绍法拉第生平的中文书籍已经有好几种,但是它们大多是由文学家或者史学家撰写的。托马斯教授以科学家的身份讲述法拉第有其明显的特色。特别是他曾经在法拉第的皇家研究院院长交椅上坐了几年,近水楼台地获得大量相关资料。所以,书在内容上不会有太多的重复。

这是一本讲述科学家的书。目前中国图书市场上有关成功人士的故事——所谓励志的书——已经很多了。但是,对社会舆论导向,我们常常有一种担心。尽管法拉第的成功故事不像一些当今名人的成功那样可以复制,但是它们已经在人类历史上激励了无数青年人成为优秀的科学家和对社会有用的各类人才,而且会永远激励下去。在这本书中,约翰爵士用巧妙的手法告诉人们一个完美的法拉第,包括他神话般的自学成才之路,无与伦比的科学事业上的成功,以及穿越时空闪闪发光的道德修养。他也告诉我们那个滋养了法拉第的皇家研究院,那个社会对于科学的崇尚和对于科学家的敬重,那个时代科学家们所从事的科学的纯粹性和自觉承担的社会责任心,科学家之间的坦诚和高雅友谊。我们曾经被书中一些小故事感动过、震撼过。但是我们不想向读者渲染这些故事。法拉第的一生,他所生活和工作的皇家研究院,他的同事们和那个时代的社会环境,是一个不可分割的整体。我们相信,中国的青年读者在踏入社会时所怀有的形形色色的困惑可能在这本书中可以得到答案或者启示。比如,什么是成功?什么样的人是成功人士?一个人的成功应该是以从社会得了多少来度量,还是以对社会做出多少贡献来度量?一个有知识的人应该如何主动承担社会责任,用他的知识来报答社会。在这个多元的社会里,法拉第用他的一生告诉我们他曾经生活得很有意义，很充实，很幸福。读者自己会发现为什么法拉第的人生价值观具有这么长的生命力；为什么皇家研究院这块风水宝地能够吸引一代又一代世界上最优秀的科学家来讲演或者工作。我们相信中国青少年需要这样的书。

读者还会发现，法拉第不仅注重于科学的严谨，在如何提高教学和演讲效果方面也倾注了大量心血。法拉第和其他科学家的精湛讲课艺术，包括如何提高和培养听众的兴趣，吸引和保持其注意力，控制和调节语速、吐字和身体姿势等，对学校老师的授课或者科研人员的学术报告都不无益处。

然而，当我们动笔开始翻译以后，却逐渐发现应承这项任务是一个多么大的错误，因为我们不是合格的翻译者。我们的英文和中文水平都不能让我们得心应手地来完成这项工作。在逐字逐段翻译的过程中，我们发现自己面临着三道障碍。首先，读懂英文就不容易，特别是大量19世纪的书信，其中包含一些词句的旧式用法以及从句的频繁使用。第二，找到合适的中文来正确地反映原文的意思也常常让我们困惑。最后，即使意思翻译正确了，要保持原文的文采则是最困难的。我们不得不承认，要把原文的意思和文采完整地表现在中文里，对于我们来说是一件不可能做到的事。放弃是很尴尬的。我们能做的仅仅是花更多的时间、更多的精力、尽可能减少错误。如果书中依然有很多错误，我们在此恳请读者原谅我们初学者的浅薄。

我们在书中每一章后面增加了大量的"译者注"，希望能够帮助读者更加容易地理解书中的人与事以及相关的历史背景。

我们十分感谢上海科学技术出版社自始至终给予我们的热情支持和帮助。我们必须感谢意大利佛罗伦萨大学的路易吉·代（Luigi

Dei）教授为我们提供高质量的插图。在翻译过程中，许多人提供过帮助，包括圣安德罗斯大学的保罗·赖特教授，希瑟·格里尔（Heather Greer），凯蒂·赛尔夫（Katie Self），奥德丽·索尔特斯（Audrey Salters），我们的儿子、帝国理工学院学生周于宁等。对他们，我们表示衷心的感谢。

周午纵　高　川

科学新视角丛书

《深海探险简史》
[美]罗伯特·巴拉德 著 罗瑞龙 宋婷婷 崔维成 周 悦 译
本书带领读者离开熟悉的海面，跟随着先驱们的步伐，进入广袤且永恒黑暗的深海中，不畏艰险地进行着一次又一次的尝试，不断地探索深海的奥秘。

《不论：科学的极限与极限的科学》
[英]约翰·巴罗 著 李新洲 徐建军 翟向华 译
本书作者不仅仅站在科学的最前沿，谈天说地，叙生述死，评古论今，而且也从文学、绘画、雕塑、音乐、哲学、逻辑、语言、宗教诸方面围绕知识的界限、科学的极限这一中心议题进行阐述。书中讨论了许许多多的悖论，使人获得启迪。

《人类用水简史：城市供水的过去、现在和未来》
[美]戴维·塞德拉克 著 徐向荣 译
人类城市文明的发展史就是一部人类用水的发展史，本书向我们娓娓道来2500年城市水系统发展的历史进程。

《无尽之形最美——动物演化发育的奥秘》
[美]肖恩·卡罗尔 著 王 晗 译
本书为我们打开了令人振奋的崭新生物学分支——演化发育生物学的黑匣子，展示了这场令人叹为观止的科学革命。本书文字优美、流畅，即便您是非生物学领域的，也能从中了解关于动物、关于我们人类自身演化发育的奥秘。

《万物终结简史：人类、星球、宇宙终结的故事》
[英]克里斯·英庇 著 周 敏 译
本书视角宽广，从微生物、人类、地球、星系直到宇宙，从古老的生命起源、现今的人类居住环境直至遥远的未来甚至时间终点，从身边的亲密事物、事件直至接近永恒以及永恒的各种可能性。

《耕作革命——让土壤焕发生机》
[美]戴维·蒙哥马利 著 张甘霖 译
当前社会人口不断增长，土地肥力却在不断下降，现代文明再次面临粮食危机。本书揭示了可持续农业的方法——免耕、农作物覆盖和多样化轮作。这三种方法的结合，能很好地重建土地的肥力，提高产量，减少污染（化学品的使用），并且还可以节能减排。

《与微生物结盟——对抗疾病和农作物灾害新理念》
[美]艾米莉·莫诺森 著 朱 书 王安民 何恺鑫 译
亲近自然，顺应自然，与自然合作，才能给人类带来更加美好的可持续发展的未来。

《理化学研究所：沧桑百年的日本科研巨头》
[日]山根一眞 著 戎圭明 译
理化学研究所百年发展历程，为读者了解日本的科研和大型科研机构管理提供了有益的参考。

《火星生命：前往须知》
[美]戴维·温特劳布 著 傅承启 译
作者历数了人们火星生命观念的演进，阐述了在火星上发现生命为何对我们探索生命进程至关重要，还讨论了我们将面临的道德和伦理问题。

《纯科学的政治》
[美]丹尼尔·S·格林伯格 著 李兆栋 刘 健 译 方益昉 审校
基于科学界内部以及与科学相关的诸多人的回忆和观点，格林伯格对美国科学何以发展壮大进行了厘清，从中可以窥见美国何以成为世界科学中心，对我国的科学发展、科研战略制定、科学制度完善和科学管理有借鉴意义。

《大湖的兴衰：北美五大湖生态简史》
[美]丹·伊根 著 王 越 李道季 译
本书将五大湖史诗般的故事与它们所面临的生态危机及解决之道融为一体，是一部具有里程碑意义的生态启蒙著作。

《一个人的环保之战：加州海湾污染治理纪实》
[美]比尔·夏普斯蒂恩 著 杜 燕 译
从中学教师霍华德．本内特为阻止污水污泥排入海湾而发起运动时采取的造势行为，到"治愈海湾"组织取得的持续成功，本书展示了公民活动家的关心和奉献精神仍然是各地环保之战取得成功的关键。

《区域优势：硅谷与128号公路的文化和竞争》
[美]安纳李·萨克森尼安 著 温建平 李 波 译
本书透彻描述美国主要高科技地区的经济和技术发展历程，提供了全新的见解，是对美国高科技领域研究文献的一项有益补充。

《写在基因里的食谱——关于基因、饮食与文化的思考》
[美]加里·保罗·纳卜汉 著 秋 凉 译
这一关于人群与本地食物协同演化的探索是如此及时……将严谨的科学和逸闻趣事结合在一起，纳卜汉令人信服地阐述了个人健康既来自于遗传背景相适应的食物，也来自健康的土地和文化。

《解密帕金森病——人类200年探索之旅》
[美]乔恩·帕尔弗里曼 著 黄延焱 译
本书引人入胜的叙述方式、丰富的案例和精彩的故事，展现了人类征服帕金森病之路的曲折和探索的勇气。

《性的起源与演化——古生物学家对生命繁衍的探索》
[美]约翰·朗 著 蔡家琛 崔心东 廖俊棋 王雅婧 译 卢 静 朱幼安 审校
哺乳动物的身体结构和行为大多可追溯到古生代的鱼类，包括性的起源。作为一名博学的古鱼类专家，作者用风趣幽默的文笔将深奥的学术成果描绘出一个饶有兴味的进化故事。

《巨浪来袭——海面上升与文明世界的重建》
[美]杰夫·古德尔 著 高 抒 译
随着全球变暖、冰川融化，海面上升已经是不争的事实。本书是对这场即将到来的灾难的生动解读，作者穿越12个国家，聚焦迈阿密、威尼斯等正受海面上升影响的典型城市，从气候变化前线发回报道。书中不仅详细介绍了海面上升的原因及其产生的后果，还描述了不同国家和人们对这场危机的不同反应。

《人为什么会生病：人体演化与医学新疆界》
[美]杰里米·泰勒（Jeremy Taylor） 著 秋 凉 译
本书视角新颖，以一种全新而富有成效的方式追溯许多疾病的根源，从而使我们明白人为什么易患某些疾病，以及如何利用这些知识来治疗或预防疾病。

《法拉第和皇家研究院———一个人杰地灵的历史故事》
［英］约翰·迈里格·托马斯（John Meurig Thomas） 著　周午纵　高　川　译

本书以科学家的视角讲述了 19 世纪英国皇家研究院中发生的以法拉第为主角的一些人杰地灵的故事，皇家研究院浓厚的科学和文化氛围滋养着法拉第，法拉第杰出的科学发现和科普工作也成就了皇家研究院。